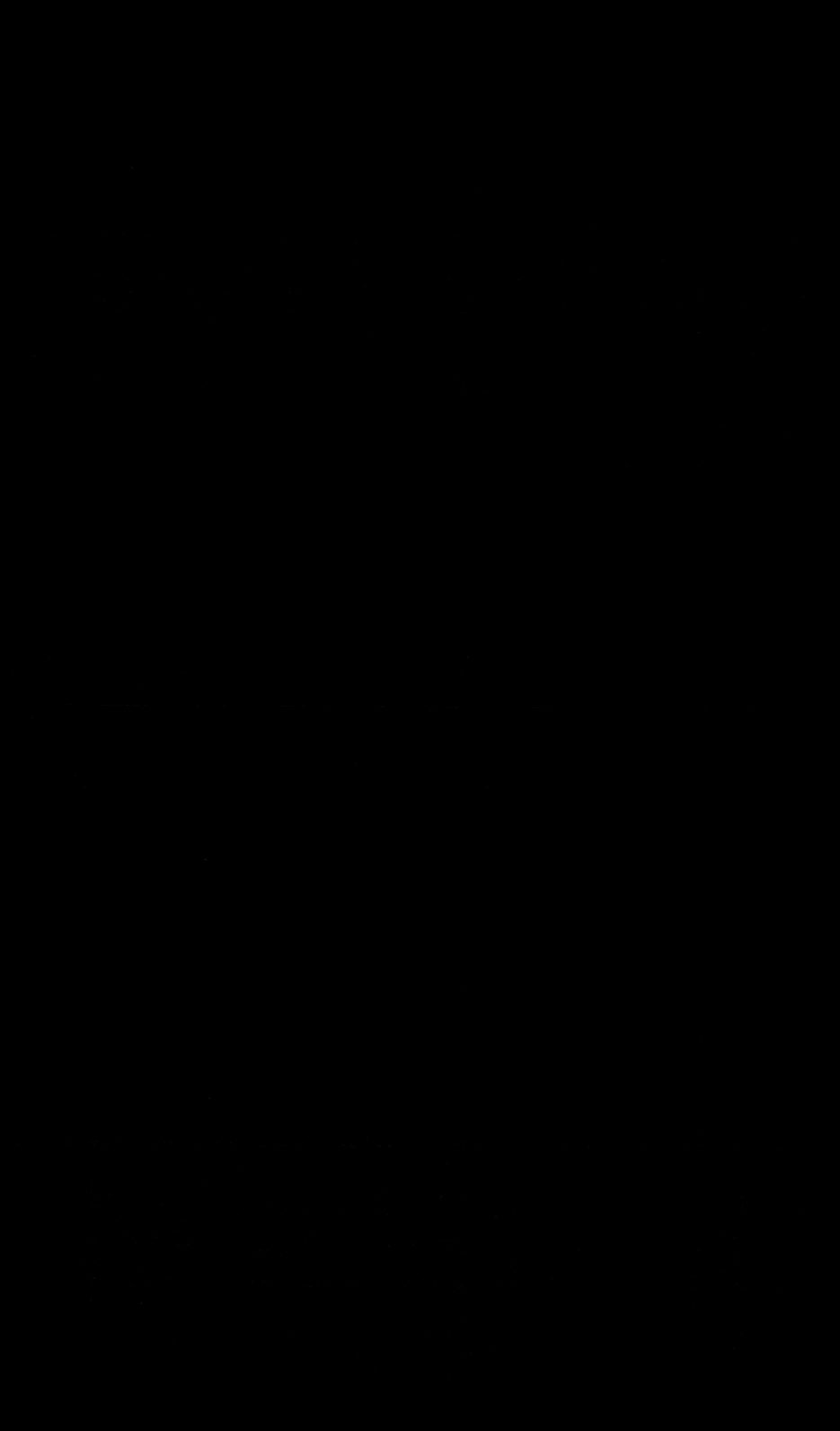

신학교에서
가르쳐주지않은
15가지

15 Things Seminary Couldn't Teach Me
edited by Collin Hansen and Jeff Robinson

Copyright ⓒ 2018 by Gospel Coalition
Published by Crossway, a publishing ministry of Good News Publishers
Wheaton, Illinois 60187, U.S.A.

This Korean edition copyright ⓒ 2023 by Word of Life Press, Seoul, Republic of Korea.
Published by arrangement with Crossway through rMaeng2, Seoul, Republic of Korea.
All rights reserved.

이 한국어판의 저작권은 알맹2를 통하여 Crossway와 독점 계약한 생명의말씀사에 있습니다.
신저작권법에 의하여 한국 내에서 보호받는 저작물이므로 무단전재와 무단복제를 금합니다.

신학교에서 가르쳐 주지 않은 15가지
ⓒ 생명의말씀사 2023

2023년 12월 27일 1판 1쇄 발행

펴낸이 | 김창영
펴낸곳 | 생명의말씀사

등록 | 1962. 1. 10. No.300-1962-1
주소 | 서울시 종로구 경희궁1길 6 (03176)
전화 | 02)738-6555(본사) · 02)3159-7979(영업)
팩스 | 02)739-3824(본사) · 080-022-8585(영업)

기획편집 | 박경순, 김지은
디자인 | 최종혜
인쇄 | 영진문원
제본 | 다온바인텍

ISBN 978-89-04-07150-0 (03230)

저작권자의 허락 없이 이 책의 일부 또는 전체를
무단 복제, 전재, 발췌하면 저작권법에 의해 처벌을 받습니다.

신학교에서 가르쳐 주지 않은 15가지

15 Things Seminary Couldn't Teach Me

경험 많은 목회자들의
사려 깊고 솔직한 현실 목회 조언

콜린 핸슨, 제프 로빈슨 엮음
이대은 옮김

생명의말씀사

많은 사람이 신학교에 입학하면서 사역할 때 알아야 할 모든 것을 배우겠거니 생각한다. 하지만 신학교는 기초일 뿐 완전한 건물이 아니다. 어떤 것들은 현장에서 직접 부딪치며 배워야 한다. 즉 삶과 사역으로만 배울 수 있는 것들이 있다는 말이다. 핸슨과 로빈슨은 목회 사역에 따르는 어려움과 기쁨을 전하는 여러 편의 글을 한데 묶었다. 이 글들은 성공적인 목회 사역은 전부 기적이며, 예수님 없이는 아무것도 할 수 없다는 사실을 알린다. 우리는 이 책에서 먼 여정을 떠나는 현재와 미래 목회자들의 채비를 돕는 지혜를 확인한다.

토머스 R. 슈라이너(Thomas R. Schreiner)
서던 침례신학교 신약 해석학의 제임스 뷰캐넌 해리슨 교수

성공과 실패를 직접 겪으며 목회를 습득한 베테랑 목회자 십여 명과 함께 앉을 수 있다면 어떨까? 당신이 목회자 후보생이라면 무엇을 묻겠는가? 이 책은 신학교에서 모든 것을 배울 수 없다는 사실을 깨달은 모두에게 매우 유용하다.

마이클 호튼(Michael Horton)
캘리포니아 웨스트민스터 신학교 신학 및 변증학의 J. 그레셤 메이첸 교수
팟캐스트 "화이트 호스 인" 운영자, 『기독교 신앙의 핵심』 저자

고작 몇 년의 교육을 제공하는 것으로 신학교가 모든 일을 다 할 수는 없다. 보통 사역에 딸려 오는 관계적인 문제를 잘 다루게 하는 교육이 부족한데, 교실에서 다 가르칠 수도 없는 노릇이다. 여기 그런 다른 것들, 즉 관계에 관한 문제를 솔직하게 씨름하는 책이 있다. 그것도 세심하고 지혜롭게 해낸다. 이 책을 추천한다. 당신이 사역에 마음을 다하도록 도울 것이다.

대럴 복(Darrell Bock)
댈러스 신학교 핸드릭스 센터의 문화 참여 상임이사

현대에 몇몇 멋진 신학교가 있다는 사실은 우리에게 복이다. 그러나 가장 탁월한 신학교라도 모든 목회자에게 사역에 필요한 실용적인 기술을 전부 갖추게 하는 데는 부족하다. 그렇기에 이 책은 우리가 필요로 하는 훌륭한 자료다. 『신학교에서 가르쳐 주지 않은 15가지』는 신학교에서 훈련받은 모든 목회자뿐만 아니라 목회 사역이라는 참호에서 악전고투하는 모든 이에게 선물이다. 목회자 훈련에서 오랫동안 방치된 이 공백을 메우기 위해 올스타 목회자들이 모였다.

브라이언 크로프트(Brian Croft)
켄터키주 루이빌 오번데일 침례교회 담임목사. 프랙티컬 셰퍼딩 설립자
서던 침례신학교 교회 재활성화를 위한 마세나 센터 선임연구원

나는 신학교가 우리에게 아무리 많은 것을 가르쳐도, 아무리 많은 학위를 수여해도 전할 수 없는 엄청난 교훈이 여전히 있다는 사실을 깨달았다. 배움의 첫 번째 단계는 모르는 것이 무엇인지 발견하는 일이다. 이 책을 펴라. 그리고 당신의 인생에서 가장 중요한 15가지 주제에 관해 목회 평생에 지속될 배움의 여정을 시작하라.

데이비드 머리(David Murray)
퓨리턴 리폼드 신학교 구약 및 실천신학 교수

신학교 진학은 몇 가지 기술을 습득하고 교육을 받는 것을 훨씬 넘어서는 일이다. 신학교 진학이란 새로운 삶을 시작하는 것에 가깝다. 그리고 이 책은 그러한 삶의 대략적인 윤곽을 다룬다. 사역의 삶은 굴곡과 곡절로 가득해도, 부르시고 지키시는 하나님의 은혜로 유지된다. 모든 신학생은 반드시 이 책을 읽어야 한다.

티머시 조지(Timothy George)
샘퍼드 대학교 비슨 신학교 설립 학장, "종교개혁 성경 주석" 시리즈 편집장

나는 내가 받은 신학교 훈련에 감사하다. 성경과 신학의 문제들을 오랜 기간 생각한 분들에게서 배우는 일은 매우 소중하다. 수년간 정규 교육에서 얻은 방법론과 훈련들은 큰 도움이 되었다. 하지만 아무리 많은 신학교 훈련으로도 한 사람이 목회 사역에 완전히 준비되게 할 수는 없다. 오랜 세월 풍파를 겪으며 복음 사역에 힘쓴 신실한 사람들이 쓴 이 책에는 지혜가 가득 차 있다. 모든 목회자와 목회자 지망생은 꼭 이 책을 읽고 이들의 경험에서 유익을 누리기 바란다.

톰 애스콜(Tom Ascol)
"파운더스 미니스트리즈" 상임이사, 플로리다주 케이프코럴 그레이스 침례교회 목사

신학교 시절 예수님의 사랑을 본받아 저를 돌봐 주신,

크리스 카스탈도에게

콜린 핸슨

겸손한 본으로서 목회자—신학자가 되도록 가르쳐 주신,

서던 침례신학교 모든 교수진께

제프 로빈슨

차례

추천의 글　R. 앨버트 몰러　11

1. 신학 지식과 자격증으로는 충분하지 않다　제프 로빈슨　19
2. 교회가 죽어 갈 때 해야 할 일　마크 브로곱　33
3. 아내를 어떻게 목양할까　대니얼 L. 애킨　47
4. 나와 다른 사람들을 어떻게 목양할까　제프 히그비　59
5. 담임목사와 의견이 다를 때　맷 캡스　71
6. 지도자들을 어떻게 지도할까　후안 샌체즈　85
7. 자녀가 교회를 사랑하도록 양육하는 법　맷 맥컬러　99
8. 고난을 겪는 회중을 어떻게 목양할까　존 아누체콰　113
9. 교회에 들어갈 때와 교회를 떠나야 할 때　해리 L. 리더　129
10. 갈등을 다루는 방법　제이 토머스　143
11. 하나님과 나의 관계를 위한 싸움　버몬 피에어　155
12. 목자가 되기까지 걸리는 시간　데일 반 다이크　167
13. 유명해지고 싶은 유혹　스캇 솔즈　183
14. 오랜 시간 알 수 있는 기쁨　필 A. 뉴턴　201
15. 교회가 나를 채용하지 않을 때　콜린 핸슨　217

기고자들　230

추천의 글

아마도 당신이 신학교 학장이라면 신학교가 목회자들에게 제공하지 않는 것에 관한 책에 절대로 서문을 써 주지 않으리라 생각할지 모르겠다. 그런데 나는 이 제의를 기꺼이 수락했다. 나는 평생 서던 침례신학교에서 목회자들을 교육하는 데 헌신했고, 거의 이십오 년 동안 신학교에서 지도했지만 어느 때보다도 신학교 교육의 가치를 확신하고 있다.

하지만 신학교가 목회자들을 부르는 것이 아니다. 하나님이 부르신다. 그리고 신학교가 목회자를 만드는 것이 아니다. 교회가 만든다. 이 점을 분명히 하는 것이 중요하다.

좋은 신학교는 목회자의 사역에 엄청나게 많은 유익을 더할 수 있고, 하나님의 말씀을 전하는 모든 설교자에게는 양질의 신학교 교육에 따르는 엄격한 학업이 요구된다. 신학 훈련이 대단히 중요하고, 신실한 목회자는 학자를 넘어선 존재가 되어야 하기에 교회는 오래전부터 사역에는 학식이 필요함을 알고 있었다.

따라서 신실한 신학교라면 자신을 교회의 종으로 여기고 목회자를 만듦으로써 지역 교회를 돕는 모습을 꿈꾼다. 신학교는 교회를 섬긴다. 교회가 신학교를 섬기는 것이 아니다. 신약에 나오는 목회자 교육 패러다임은 디모데가 사도 바울의 가르침과 멘토링을 받은 사실에 있다.

그렇기에 경험 많은 목회자들이 신학교에서 배우지 못한 교훈을 사역에서 얻고 그것을 자세하게 살펴 책으로 펴낼 수 있다는 것도 놀라운 일이 아니다. 이렇게 하면 신학교를 잘 반영하지 못하는 경우도 간혹 있겠지만, 대부분은 사역에서 지역 교회의 중심성과 실제 경험을 통해서만 배울 수 있는 사역의 교훈들을 더욱 심오한 방식으로 가르친다.

신학 교육의 구조는 상당히 표준적인 양식으로 발전해 왔다. 즉 성경 연구, 신학 연구, 사역 연구로 나뉘는 일련의 과정이다. 이러한 구조 안에 풍성한 지혜가 담겨 있기에, 거의 모든 신학교가 이러한 양식으로 나간다.

그런데 가장 약한 부분은 언제나 사역 연구였다. 이는 교수진의 실패에 기인한 것이 아니다. 목회자 대부분은 그 과정들을 돌아보며 매우 유용했다고 생각한다. 그렇다면 이 약점을 어떻게 설명할 것인가?

이는 분석과 경험의 중요한 차이라고 본다. 나는 이론이 실제와 어긋나는 것이 문제라고 보지 않는다. 신학교에서 하는 사역 연구가 그저 이론적인 것만은 아니기 때문이다. 하지만 사역에서 지역 교회 같은 선생이 없다는 점은 맞다. 설교자는 신학교에서 설교에 관해 많은 것을 배우겠지만 그 말씀을 회중에게 설교하도록 부르심을 받아 직접 경험해야 진정한 설교자가 된다. 이것은 이상적으로는 담임 목회자가 젊은 목회자들을 직접 돌보고 가르치는 것을 의미한다. 이것은 곧 회중이 복음 사역을 영속화하는 일에 전적으로 투자했음을 나타내는 일이기도 할 것이다.

실제로 유사한 상황은 많다. 웨스트포인트의 미국 육군사관학교는 좋은 목적으로 존재한다. 하지만 장교는 부대와 실제 전투를 이끄는 과정에서 만들어진다. 나는 좋은 의학대학에서 좋은 성적으로 졸업한 의사의 손에 수술을 받고 싶다. 또한 그 의사가 최고의 의사들과 함께 수련의로서 훈련을 받고 여러 차례 수술 실습도 했기를 바란다.

이제 당신도 무슨 말인지 알았을 것이다.

나는 베테랑 장군들이 웨스트포인트에서 배우지 못한 것에 관해 글을 쓴다면 정말로 읽고 싶을 것 같다. 웨스트포인트 역시 그런 책에서 중요한 정보를 얻고 깊이 생각해 볼 수 있을 것이다. 나는 그러한 글들이 대부분 웨스트포인트를 돌아보면서 깊은 애정을 느끼고 감사하는 내용이리라 추측한다. 하지만 분명히 어떤 가르침은 전쟁이라는 혹독한 시련 가운데서만 배울 수 있다. 나는 또한 그러한 장군들도 웨스트포인트의 교육 없이 전장에 나가지 않았음을 매우 감사히 여겼으리라 확신한다.

기독교 사역도 마찬가지다. 이 책에 있는 글들은 경험에서 나온 깊은 내용을 담고 있으며 목회자 교육에서 지역 교회가 중심임을 명확하게 밝힌다. 당신은 어떤 글에는 웃음을 지을 것이고, 어떤 글에는 움찔할 것이다. 어쨌든 모든 글이 당신을 생각하게 만든다는 점은 분명하다.

이 책은 신참 목회자, 오랜 기간 재직한 목회자, 신학교 교수, 신학생 들에게 유용할 것이다. 무엇보다도 여기 실린 글들은 신학생들이 사역을 준비하는 데 도움이 될 것이다. 충분히 사역 경험을 쌓은 사려 깊은 목회자라면 이러한 글 한 편은 물론, 이러한 책 한 권도 스스로 쓸 수 있을 것이다.

신실한 목회자가 되는 데는 성경 주해 교육이 필요하다. 하지만 그는 하나님의 사람들을 위해 설교를 준비하고 전달하면서 설교자로 만들어진다. 목회자에게는 신학교에서 습득한 신학 연구가 필요하다. 그렇지만 결국 그는 어린이의 장례식에서 설교해야 할 때 머리를 짜내게 된다. 설교자에게 해석학과 설교학 배경 지식은 필수적이지만 그는 특정 사람들에게 특정 본문을 어떻게 설교할지를 결정하면서 자신의 진정한 해석법이 무엇인지, 자신이 진정으로 설교를 어떻게 이해하고 있는지를 발견한다. 동일한 회중에게 설교하고 또 설교하고 또 설교하면서 말이다.

나는 『육군사관학교가 가르쳐 주지 않은 것』이라는 책이 있다면 진심으로 관심 있게 읽을 것이다. 당신은 이 책을 그야말로 절박하게 읽어야 한다. 한 가지 가르침도 놓치지 말라. 그리고 모든 목회자가 오랜 사역 기간을 통해서만 배울 수 있었던 가장 중요한 가르침들을 명심하라. 전장에 홀로 나서기 전에 최대한 많이 배우라. 그것이 중요하다.

R. 앨버트 몰러(R. Albert Mohler Jr.)
서던 침례신학교 총장, 『오늘 왜 나에게 사도신경인가?』 저자

신학교에서
가르쳐주지않은
15가지

15 Things Seminary Couldn't Teach Me

1.
신학 지식과 자격증으로는 충분하지 않다

제프 로빈슨
복음연합 선임 편집자, 크라이스트 펠로십 교회 목사

나는 그분들께 경고했다. 하지만 내 말을 믿는 것 같지 않았다.

아마 그분들은 내가 그저 겸손함을 드러내려 한다거나, 설교자가 면접할 때 말하는 흔한 방식이라고 생각했을 것이다. 목회자 청빙 위원회는 나를 최종 후보자로 여기고 있었는데, 계속해서 내 이름 옆에 때때로 나타나는 이 단어가 우리 대화를 끌고 갔다. 바로 '박사'(PhD.)였다.

한 분이 물었다. "박사로 불러 드려야 할까요?" 또 다른 분은 말했다. "저는 우리 교회가 당신이 박사로서 제안하는 모든 것에 함께할 것이라고 장담합니다." 나는 앉은 자리에서 꼼지락거렸다. 그분들이 보여 주는 존경의 진정성을 의심하는 것은 아니었다. 그저 내가 영적인 영웅 노릇을 하기에는 심각하게 준비되지 않았다고 느꼈을 뿐이다.

나는 아무 생각이 없었다.

마침내 나는 말했다. "제 학업을 존중해 주셔서 감사합니다. 그렇지만 그 학위를 제가 성숙하고, 사역에 적합하고, 유능하고, 그리고 분명히 말씀드리지만 제가 경건하다는 보장이라고 오해하지 마십시오. 그중 한 가지를 갖추었다고 해서 반드시 다른 부분도 준비되었다는 의미도 아닙니다. 실제로는 그저 제가 몇몇 학업 요구 조건에 부합할 정도로 오랜 기간 인내했다는 게 전부입니다."

인터뷰 기술의 관점에서 보면 이것이 바른 답변이었다. 하지만 이후 삼 년 동안 하나님은 이 말이 담고 있는 진리를 내 영혼 가장 깊은 곳에서 불태우셨다.

교회는 곧 나를 담임목사로 불렀다. 하지만 얼마 지나지 않아 나는 고등 신학 기관에서 높은 학위를 받았다고 해서 내가 이 회중이 간절히 필요로 하는 경건하고, 겸손하고, 지혜롭고, 사심 없는 지도자가 되는 것은 아니라는 사실을 배웠다. 오직 사역의 전면에서 고난을 잔뜩 짊어진 채로 섬기는 일이야말로 나를 그런 사람으로 만들 수 있다는 점을 깨달았다. 그리고 이런 생각이 들었다. 즉, 내가 전쟁 중인 교회를 섬긴다는 것이었다.

슬프게도 그 첫 목회 기간은 삼 년 조금 넘는 시간에 불과했다. 교회 내 재정 위기가 큰 이유이기는 했지만 말이다. 현재 나는 다른 회중을 섬기는 특권을 누리고 있다. 그리고 첫 교회에서 저지른 많은 실수와 무모한 결정을 통해 배웠던 가르침에 힘입어 지금은 전혀 다른 목회자가 되었다. 나는 내가 섬기는 영역에 있는 좋은 분들이, 내가 앞선 사역에서 힘겹게 배웠던 가르침에서 유익을 얻기를 기도한다.

게다가 나는 내가 훈련을 받았던 신학교에서 부교수로 섬기고 있다. 그래서 미래 목회자들의 삶에 깊이 관여하고 있다. 나는 교회를 사랑하고, 교회를 섬기는 신학 교육도 사랑한다. 하지만 목회 사역은 지역 교회에서 하나님의 백성을 섬김으로써만 배울 수 있는 세 가지 주요한 가르침을 내게 줬다. 그리고 그러한 가르침이 당신이 지금 읽고 있는 글의 기초와 근거가 되었다. 즉, 자격증이 능력은 아니라는 점, 사역은 전쟁이라는 점, 하나님의 절대적이고 일방적인 은혜가 없으면 목회자의 수고는 헛되다는 점이다.

자격증은 능력이 아니다

목회자가 되기 전에 나는 고린도전서 13장을 여러 차례 설교했고, 십자수를 놓은 성경 말씀 장식을 집에서 적어도 천 번은 봤다.

하지만 내가 지역 교회를 목양하기 시작하면서, 바울의 이 말은 전체 성경에서도 가장 당혹스러운 본문이 되었다. 왜냐고? 물론 이 말씀을 해석하는 일은 어렵지 않다. 하지만 그 안에 곤란한 점이 있다. 이 말씀이 어려운 이유는 사랑하는 일보다는 교조적으로 구는 일이 훨씬 쉽기 때문이다. 그리고 지식은 사람을 거만하게 한다. 누군가 내가 수행한 신학 및 교회사 연구를 높이 평가하면 나는 감명을 받았다. 감명을 받은 이유는, 하나님이 내게 번영 신학 같은 방식으로 한 가지를 택할 수 있도록 하셨다면, 나는 "거룩함을 온전히 이루"기보다는(고후 7:1) "모든 지식을 알"기에(고전 13:2) 끌릴 것이기 때문이다.

신학교에 있던 모든 순간 내 영혼은 즐거웠다. 신학교가 만들어진 의도에 따라 나는 그곳에서 많은 지식을 얻었고, 스스로 더 많은 지식을 터득할 수도 있게 되었다. 하지만 헬라어, 히브리어 구사 능력과 청교도에 대한 섭렵도 분노한 교인이 거짓으로 나를 비난할 때 분통이 터지는 것을 막아 주지 못했다. 한 집사가 내게 교회 재정이 거의 바닥났다고 말했을 때 그러한 지식이 반드시 내가 지도자로서 지혜로운 결정을 내리게 해 주지도 않았다.

분명히 신학 지식은 지혜로운 결정을 내리게도 했고, 양 떼에게 건강한 꼴을 먹일 수 있게도 했다. 하지만 경건한 목자에게 필요한 성숙은 주님의 포도원에서 며칠, 몇 주, 몇 달, 몇 년의 노동을 해야 임하는 법이다. 그분이 나를 성화하시는 과정 한가운데 있다는 사실을 깨닫는 데는 오랜 시간이 걸리지 않았다. 매 주일 내 설교를 듣는 사람들과 마찬가지로 말이다.

사랑이 지식을 이긴다

그리고 나의 돌봄 아래 있는 분들이 나의 정통성에는 그다지 큰 관심이 없다는 점을 곧 깨달았다. 비록 내가 그것을 타협할 수가 없었지만 말이다. 그분들은 그저 내가 정말로 자신들을 사랑하는지 알고 싶어 할 뿐이었다. 그래서 내가 그분들을 복음화하고 제자화해야 하는 대상으로 보는 것이 아니라, 진심으로 그리스도 안에서 소중한 가족으로 바라보고 돌본다는 사실을 알게 되자 기독교의 정통을 해설하려는 내 노력에 더욱 귀를 기울였다.

그리고 그러한 관계를 세우는 유일한 수단은 바로 함께하는 시간뿐이다.

한 괴팍한 남자분이 생각난다. 그분은 나를 좋아하지 않는 것 같았다. 처음에는 그랬다. 그래서 리처드 백스터(Richard Baxter)의 전략을 본받아 그분의 집을 방문했다. 때는 여름이었고 우리는 포치에 앉았다. 우리는 오번과 내 모교인 조지아에 있는 각각의 풋볼팀에 관해 이야기를 나눴다. 나는 그분이 데일 언하트(Dale Earnhardt, 미국 자동차 레이서-역자 주)에 관해 이야기하는 것도 들었다. 그분의 아내는 본인 가족이 교회를 건축할 때 어떤 역할을 했는지 이야기했다. 오래지 않아 그분들은 내 편이 된 것 같았다. 내가 교회를 떠나는 날,

그분은 나를 힘차게 포옹했고 펑펑 울며 우리 가족을 참 많이 사랑했기에 그리울 것이라고 말했다. 그리고 내 가르침도 그리울 것이라고 말했다.

사랑은 절대로 실패하지 않는다. 그리고 사랑이 지식을 이긴다. 하나님의 영감을 받은 한 성경 기자가 이에 관해 내게 경고했다. "내가 … 모든 지식을 알고 … 사랑이 없으면 내가 아무 것도 아니요"(고전 13:2). 내가 내 성도를 사랑하지 않으면 그분들은 설교단에서 아무리 많은 신학 담론을 쏟아 내도 관심을 기울이지 않을 것이다. 내가 그분들을 사랑하고, 성숙한 교사와 목자로 신뢰받을 수 있음을 입증할 때만 나를 따를 것이다.

오랜 기간 목회자이자 신학 교수였던 폴 데이비드 트립(Paul David Tripp)은 그의 탁월한 저서인 『목회, 위험한 소명』(Dangerous Calling)에서 자신감은 있지만 미숙한 목회자를 자주 괴롭히는 이진법 신드롬(binary syndrome)을 규정한다. 트립은 이 위험한 병폐에 '거대한 신학적 두뇌와 마음의 병'이라는 적절한 이름을 붙였다.

성숙이 존재보다 앎으로 정의될 때 나쁜 일이 발생한다. 당신이 개념 자체를, 그 개념이 대변하는 하나님과 그 개념이 자유롭게 해야 하는 사람들보다 더 사랑하게 되면 위험해진다. …나는 [신학생들이] 그저 성도에게 신학을 가르치도록 부름받은 것이 아니라 성도와 함

께 신학을 행하도록 부름받았음을 이해하기를 간절히 바란다.[1]

사도는 장황하게 자신의 출생과 신학과 경력을 읊은 후 거의 비슷한 결론을 내린다. "또한 모든 것을 해로 여김은 내 주 그리스도 예수를 아는 지식이 가장 고상하기 때문이라 내가 그를 위하여 모든 것을 잃어버리고 배설물로 여김은 그리스도를 얻고"(빌 3:8). 세속적 관점에서 보자면 바울은 모든 면에서 능력 있는 목회자로 섬길 수 있는 요소를 두루 갖추고 있었다. 하지만 그것들조차도 그리스도를 아는 일과 그분의 사랑을 사람들에게 드러내는 일에 비하면 모두 배설물에 불과했다.

당신이 지역 교회에서 오래 섬기고 있다면 다음 두 번째 교훈이 자명해졌을 것이다. 사역은 전쟁이다. 다시 말하자면 하나님의 목자에게 고난은 당연한 것이고, 게다가 그 고난은 좋은 것이다.

사역은 전쟁이다

A. W. 토저(A. W. Tozer)는 유명한 말을 남겼다. "하나님이 한 사람에게 깊이 상처 주시지 않고 위대하게 복 주실 수 있을지 모르겠

---

[1] Paul David Tripp, *Dangerous Calling: Confronting the Unique Challenges of Pastoral Ministry* (Wheaton, IL: Crossway, 2012), 42–43.

다."[2] 그리스도의 삶이 그렇듯이, 사역에서도 십자가 없는 왕관은 없다. 성경의 위대한 인물들은 고난의 채찍을 맞고 빚어졌다. 욥, 다니엘, 다윗, 베드로, 바울, 그리고 물론 우리 주 예수 그리스도께서 그러하셨다.

교회사의 위대한 인물들은 고통이라는 갈보리 길을 지났다. 루터와 칼뱅은 목숨을 부지하기 위해 도주해야 했다. 존 버니언은 복음을 전했다는 이유로 베드퍼드의 감옥에서 십이 년간 있었다. 찰스 시미언(Charles Simeon)은 고약한 회중을 섬겼는데, 한번은 그가 예배당에 들어오지 못하도록 문을 잠그기도 했다. 내 친구는 위원회의 허락 없이 목사관에 풀을 심었다는 이유로 해고되었다. 또 다른 친구는 담임목사로 선출된 지 이 주 만에 쫓겨났다. 한 집사가 이사 온 차량에서 짐을 내리다가 친구의 서재에서 못마땅한 신학 서적을 발견했다는 이유였다.

얼마나 더 나빠질 수 있느냐고? 고난의 가마솥은 저 위대한 찰스 스퍼전조차 22세의 나이에 사역을 거의 떠나게 만들 정도였다. 1856년 10월 19일 서리 가든 음악당에서 주일 저녁 예배를 드리는데 한 사람이 "불이야!" 하고 외쳤다. 그러자 운집했던 만이천 명의 사람이 우르르 몰려 나가면서 일곱 명이 죽고 스물여덟 명이 다쳤다.

---

[2] A. W. Tozer, *The Root of the Righteous* (Chicago: Moody Publishers, 2015), 165; originally published 1955.

이 재앙으로 인한 우울증 때문에 스퍼전은 며칠 동안 몸을 가누지 못했다. "성경을 보기만 해도 눈물이 홍수가 되었다. 그리고 마음을 전혀 가다듬을 수 없었다."[3] 이 일로 그의 사역 기조가 세워졌고, 그는 평생 극심한 불안과 일반에 알려지지 않은 우울증과 싸웠다.

신학교는 사역이 내게 얼마나 심각하게 상처를 입힐 수 있는지 가르치지 않았다. 하지만 실상 신학교는 그 사실을 가르칠 수 **없다**. 신학교와 사역의 관계는 기초 군사 훈련과 실제 전투와 유사하기 때문이다. 훈련장은 사역의 도구를 습득하는 상대적으로 안전한 장소다. 그리스어, 히브리어, 주해, 설교학, 조직신학, 교회사 등 많은 내용이 그러한 도구다. 기본 훈련이 전쟁이 아니듯, 신학교도 지역 교회의 실제 사역이 아니다. 사역이라는 전쟁터 외에는 그 무엇도 닥쳐올 고통을 당하도록 준비시켜 줄 수 없다.

하지만 성경을 주의 깊게 보니 경고 신호들이 보였다. 바울의 사역이라는 렌즈를 통해 보자면 고린도후서는 목회 사역에서 겪는 고난에 대한 지침서다. 몇 구절만 읽어도 그 직분은 용기 없는 자들을 위한 자리가 아님을 알게 된다. 목회 사역은 위험하고, 심지어 치명적이기까지 하다. 목회 사역은 내가 그리스도 안에서 되어 가는 새사람을 괴롭게 할 것이다. 그리고 내 마음에서 전투가 일

---

[3] 아내와 개인 비서가 편집한 *The Autobiography of Charles H. Spurgeon*, vol. 2 (New York: Revell, 1899), 207.

어나기 전에 하나님의 은혜가 내 모습이었던 옛 자아를 죽일 것이다. 이는 사랑 많으신 하나님이 직접 내리시는 영광스러운 사망 선고이다. 고린도후서 11장 23-28절에서 바울은 자신의 사역을 소위 "지극히 크다는 사도"(고후 11:5)와 대조한다. 바울 사도는 자신만의 사역 이력서를 내민다. 거기에는 사십에서 하나 감한 매를 다섯 번 맞은 일, 세 번 태장으로 맞은 일, 세 번 파선한 일, 잠을 못 잔 일, 주림, 목마름, 위험 등이 있다. 어려운 일들이다. 그런데 바울이 묘사한 일들은 대부분 목회자 외부에서 격렬하게 발생한 전쟁이다. 하지만 더욱 극심하고 피가 난무할 가능성이 있는 전투는, 또 다른 작전 구역인 목회자의 마음에서 일어난다.

내면의 전쟁

사역에는 힘든 날들이 있을 것이다. 당신은 자신의 소명을 의심하게 될 것이다. 당신은 하나님의 선하심에 의문을 품게 될 것이다. 입으로 그렇게나 자주 찬양했던 하나님의 주권을 신뢰하기 위해서 당신의 마음은 몸부림을 쳐야 할 것이다. 당신은 친구들의 사역이 분명히 성공하는 모습을 보며 분개하면서도 자존심 때문에 공개적으로는 그들을 축하할 것이다. 당신은 사역을 그만두고 싶을 것이다. 특히 월요일에 더욱 그러할 것이다. 요약하자면 당신은 당신과 씨름하게 될 것이다.

여러 목소리가 유혹하며 기만적인 말로 당신의 귀를 채울 것이고, 필요한 모든 수단을 동원하여 신학적으로나 윤리적으로 아주 조금만 타협하여 이 땅의 편안함과 번영을 누릴 곳을 찾아내라고 당신을 몰아붙일 것이다. 이곳, 사역의 리븐델(Rivendell, 『반지의 제왕』에 나오는, 요정들의 거주지-역자 주)에서, 당신을 힘들게 하는 집사회와도 멀어지고, 결혼생활이 결딴나고 있는 교인과도 멀어지고, 당신이 청년부를 세우지 않고 성경만 가르치는 바람에 교회가 죽어 가고 있다고 생각하는 가정과도 멀어질 것이다.

이것이 에베소서 6장 17절이 말하는 내면의 전투이다. 사역자의 내면에서는 자신이 받은 소명 때문에 이러한 전투가 더욱 격렬하다. 당신은 반드시 끊임없는 기도의 사람, 조금도 방심하지 않는 자기성찰의 사람이 되어야 한다. 당신은 하나님의 은혜만 전적으로 의존한다고 습관적으로 의식하며 살아야 한다. 바울은 고린도 전서 4장 7절에서 질문을 던지는데, 당신은 반드시 이에 대한 바른 답변을 알아야 한다. "네게 있는 것 중에 받지 아니한 것이 무엇이냐?" 결코 아무것도 없다.

사역에서 고난은 정상이다. 바울이 고난당했다. 교회사의 영웅들이 고난당했다. 복음의 정수에 고통이 있다. 우리 주님이 우리 대신 고난당하셨기 때문이다. 하나님은 이렇게 우리가 외부와 내부의 적과 투쟁하게 하시고 이를 사용하셔서 우리를 더욱 예수님과 닮게 만드시며, 우리의 교만을 죽이시고, 복음의 위로로 우리를 무장시키셔서 우리가 책임지고 있는, 고통받는 동료들을 위로하게 하신다. 그리고 무엇보다도 교회에 그리스도께서 당하신 고난의 모습을 나타내게 하신다. 높임받음 전에 반드시 겸손이 선행한다. 그리스도께도 그러하고, 그분의 백성에게도 그러하다(고후 4:7-12). 이것이 복음의 길이다.

그리고 고통은 하나님의 종을 마지막 세 번째 교훈으로 이끌고 가거나, 아니면 사역에서 이탈하게 한다.

그분을 떠나서는 아무것도 할 수 없다

사역자가 마음의 문설주 위에 반드시 새겨야 할 문구는 요한복음 15장 5절에서 우리 주님이 주신 말씀이다. "나를 떠나서는 너희가 아무 것도 할 수 없음이라." 당신이 신실하게 인내한다면, 하나님의 일방적인 은혜가 반드시 당신을 지탱할 것이다. 다양한 연구가 냉혹하지만 통일된 메시지를 전한다. 신학교 졸업생 중 상당한 비율이 오 년 내로 복음 사역에서 영구적으로 물러난다. 당신은 은혜 위에 은혜 위에 은혜가 필요할 것이다.

고린도후서 12장을 보면 사도 바울은 자신이 삼층천으로 올라갔음을 전하면서도 하나님은 우리처럼 강함을 중시하지 않으신다는 사실을 전한다. "크게 기뻐함으로 나의 여러 약한 것들에 대하여 자랑하리니 이는 그리스도의 능력이 내게 머물게 하려 함이라 …

내가 약한 그 때에 강함이라"(12:9-10). 바울은 오직 하나님의 은혜만이 사역을 효력 있게 하신다는 점을 깨닫는다. 바울 자신에게는 능력이 없다. 오직 주님만이 그에게 힘을 주실 뿐이다.

그분만이 마른 뼈를 살게 하신다

첫 목회직에 들어선 지 며칠 되지 않아 나는 오직 주님만이 자신의 말씀을 통해서 일하시고, 그분의 성령만이 마른 뼈를 살리실 수 있음을 깨달았다. 내가 할 수 있는 일이라고는 말씀을 전하고, 기도하고, 하나님의 양들을 목양하는 것이 전부였다. 자비롭게도 우리는 저들의 마음을 바꾸라는 압박을 받지 않는다. 복음이 구원하시는 하나님의 능력이다. 고린도후서 4장 7-12절에서 바울은 하나님이 하시는 일의 경륜에 목회자가 어떤 위치에 있는지 적절하게 요약했다. "우리가 이 보배를 질그릇에 가졌으니 이는 심히 큰 능력은 하나님께 있고 우리에게 있지 아니함을 알게 하려 함이라"(고후 4:7).

이야말로 좋은 소식이다! 능력은 하나님께 있다. 내가 힘을 발휘해야 하는 것이 아니다. 나는 힘을 낼 수 없다. 하나님이 선포된 자신의 말씀을 취하셔서 죄악된 사람들을 바꾸신다. 믿음은 들음에서 나고, 들음은 그리스도의 말씀으로 말미암는다(롬 10:17). 우리는 씨를 뿌린다. 하나님이 씨를 자라게 하신다. 하나님의 목회자는 하나님의 사람으로서 전적으로 하나님께 의지한다.

결론

예전에 신시내티 인근 킹스 아일랜드 놀이동산에는 높이가 90미터 이상인 목재 롤러코스터가 있었다. 입구 간판에는 이렇게 쓰여 있었다. "이 놀이기구는 새가슴을 위한 것이 아닙니다." 목회 사역도 그와 같다. 아찔한 기분을 느끼게 하는 높은 곳이 많이 있는 즐거운 소명이다. 또 우리를 낙담하게 만드는 낮은 곳도 많이 있는 위험한 소명이기도 하다. 거기에 올라탄 내내 긴장을 늦출 수 없을 것이다.

하지만 하나님의 말씀을 전하고, 하나님이 그 말씀을 사용하셔서 인생을 변화시키는 장면을 목격하는 일은 인간의 말로 설명할 수 있는 능력을 넘어서는 경이로움이다. 그리고 바울의 말은 하나님이 내게 주신 사역에 대한 결론을 그대로 반영한다. "만일 복음을 전하지 아니하면 내게 화가 있을 것이로다!"(고전 9:16)

2.
교회가 죽어 갈 때 해야 할 일

마크 브로곱
칼리지 파크 교회 담임목사

"우리가 한때 그분들을 미워했다면, 이제는 그분들을 미워했던 것보다 훨씬 더 사랑해야 합니다."

회의 시간에 나는 동료 목사들과 회중 안에 발생한 심란한 문제를 어떻게 처리해야 할지 씨름하다가 이렇게 말했다. 나는 상처받은 우리 교회를 도우려고 애쓸 때도 종종 그분들과 나를 위한 주문처럼 이 구절을 되뇌었다. 이보다 몇 년 전, 나는 부목사로 섬기던 교회에서 담임목사가 되어 달라는 요청을 받고 수락했다. 하지만 내가 접하게 될 어려운 문제들을 완벽하게 이해하지는 못했다.

나를 오해하지는 말라. 나도 문제가 있다는 점은 알고 있었다. 우리 교회는 쉽지 않은 전통을 지니고 있었다. 친구들이 교회 배경에 관해 물으면 나는 이렇게 답하곤 했다. "독립적이고, 근본주의적이고, 킹 제임스 성경만 보고, '뿔라의 땅'(Beulah-Land)의 찬양을 하는 그런 교회." 더 말할 필요는 없을 것이다.

그러고도 더 있었다. 그 교회는 한 번도 치리를 행하지 않았다. 교인들의 도덕적 문제가 여러 차례 불거졌음에도 말이다. 그리고 내가 알기로는 지역 공동체 안에서도 평판이 좋지 않았다. 교회는 교회가 지지하는 대상 덕분이 아니라 교회가 반대하는 대상 때문에 알려져 있었다. 건물은 준수했고, 예산은 안정적이었으며, 출석도 꾸준했다. 하지만 교회는 천천히 죽어 가고 있었다. 누구라도 알고 있었을 것이다.

나는 그 후 십 년간 교회를 다시 건강하게 만들 사명에 착수했다. 쉽지 않았다. 실수도 했다. 많이 인내했고, 많이 눈물 흘렸으며, 많이 기도했다. 하지만 그 여정은 감당할 가치가 있었다. 하나님이 그 교회에 행하신 일과, 내 안에 행하신 일 때문이다.

십 년, 일곱 가지 교훈

그 시기로부터 또 십 년이 지났고, 나는 지금 다른 교회를 섬기고 있다. 그리고 이제서야 죽어 가는 교회를 돕는 방법이 보인다. 그 방법은 일곱 가지 핵심 요소로 요약된다.

1. 교인들을 사랑하라

목회 사역에서 사랑이 으뜸임은 아무리 말해도 지나치지 않다. 고린도전서 13장에 따르면, 사랑이 없다면 그 외의 어느 것도 중요하지 않다. 사랑이 기초다. 이 구절에서 정의한 사랑, 즉 오래 참고 온유하고 시기하지 않고 자랑하지 않고 교만하지 않고 무례하게 굴지 않고 자기의 유익을 구하지 않고 성내지 않고 악한 것을 생각하지 않고 불의를 기뻐하지 않는 일은 혼인 관계나 다른 관계에서만큼 목회에도 그대로 적용된다.

사람을 사랑하지 않고는 사람을 도울 수 없다. 회중은 자신들의 목회자가 교회를 사랑하고 이해한다는 사실을 알아야 한다. 자신을 잘 모르는 사람, 자신에게 화가 나 있는 듯한 사람을 신뢰하고 따르기란 어려운 일이다. 특히 교회 사역처럼 개인적인 관계에서는 더욱 그러하다.

내가 힘들 것이라는 사실을 알면서도 그 교회로 부르심을 받아들인 주된 이유는 그분들을 사랑했기 때문이다. 나는 그분들의 이야기와 역사를 알고 있었다. 나는 그분들이 낙심하고 힘들어하는 모습을 보았다. 그리고 그분들에게 더 나은 날이 있기를 바랐다. 그분들이 내 마음에 들어왔기 때문에 나도 그분들 미래의 일부가 되기를 원했던 것이다.

모든 것을 참으며 모든 것을 믿으며 모든 것을 바라며 모든 것을 견디는 것. 우리는 여기에서부터 시작해야 한다.

2. 신실하게 성경을 가르치라

또 다른 핵심은 매주 신실하게 성경을 교인들에게 가르칠 때 나타나는 효과와 관련이 있다. 나는 성경을 신실하게 주해해 설교하고 가르치는 일을 내 주된 과업으로 알았다. 하지만 매주 한 절씩 접근하는 방법이 그리스도의 몸을 건강하게 회복시키는 데 얼마나 효과적인지는 깨닫지 못했다.

예를 들어, 마태복음 18장을 가르치면서는 교인들이 교회 치리를 실천해야 할 필요를 보게 했다. 에베소서 4장을 가르칠 때는 목회자가 교회를 잘 준비시켜 사역을 감당하게 한다는 의미가 무엇인지를 두고 이야기했다. 갈라디아서를 가르칠 때는 율법주의의 위험이 무엇인지 확인했다. 매주 우리 교인들은 성경이 무엇을 말하는지, 그리고 우리 교회에 어떻게 적용해야 하는지를 배웠다. 한 주만에 모든 것이 바뀌는 일은 없었지만, 주일마다 **무언가** 바뀌었다. 더디었고 때로는 보이지도 않았지만, 시간이 흐르고 보니 우리가 함께 성경적으로 생각하고 살아가는 법을 배우면서 교회는 조금씩 더 건강해지고 있었다.

3. 장기적으로 바라보라

요즘은 목회자의 인내력이 과소평가된다. 우리는 모든 면에서 즉효약, 신속한 변화, 즉각적인 결과를 바라는 갈망에 시달린다. 나는 수년 또는 심지어 수십 년을 생각해야 할 문제를 몇 달 거리로 생각하는 목회자를 많이 봤다. 보통 인내하는 일은 목회자들이 칭송받는 최고의 성품은 아니다. 하지만 그래야 한다.

회중이 영적으로 성장하고 행동이 개선되는 데는 양육과 매우 유사하게 시간이 걸린다. 그것도 오랜 시간이 걸린다. 당신이 바라고 기도하는 수많은 것은 어려운 과정과 노력을 거쳐야만 결실을 맺는다. 오랜 사고방식, 습관, 전통 등은 쉽게 바뀌지 않는다. 진리가 친숙하게 여겨지고 수용되려면 여러 차례, 여러 방법으로 그 진리가 적용되어야 한다. 그리고 건강한 모습은 어떤 모습인지 사람들이 확인할 수 있는 시간도 필요하다. 그들은 하룻밤 사이에 지금 그 자리에 있는 것이 아니다. 많은 변화에는 시간이 걸린다.

몇 주가 아닌 수십 년을 염두에 두고 신실하게, 인내하며, 한결같이, 굴하지 않는 지도력을 갖추는 것이 핵심이다. 죽어 가는 교회를 도울 때는 장기적으로 바라봐야 한다.

4. 하나님의 섭리를 신뢰하라

힘겨워하는 교회에 도움을 주기 위해서는 하나님이 회중과 당신을 그분의 섭리하에 돌보신다는 자신감이 필요하다. 아내와 나는 하나님이 우리를 사역으로 부르셨음을 알았다. 그리고 하나님이 특별히 우리를 이 교회로 부르셨음을 깨달았다. 우리는 하나님의 뜻을 두고 씨름했고, 지원자가 밟는 과정을 거쳤으며, 하나님이 이 교회를 목양하라고 부르셨음을 분명히 감지했다. 주님이 우리를 이곳에 보내셨음을 알았기 때문에 상황이 어렵게 돌아가고, 고통스럽고, 좌절될 때도 우리 영혼은 굳건한 닻이 내린 것만 같았다. 모임을 마치고 낙심한 채 집으로 운전해 가며 주님께 울부짖었던 기억이 난다. "왜 저를 여기에 보내셨습니까!" 하늘의 침묵은 결국 우리를 부르신 분이 참으로 주님이라는 개인적인 깨달음으로 이어졌다. 앞으로 갈 길은 여전히 불투명했다. 나는 계속 신뢰해야 했다. 하나님이 우리를 부르셨다면 우리를 도우실 것이다. 그리고 하나님은 그렇게 하셨다.

하지만 신뢰는 그 수준을 넘어서야 한다. 모든 교회는 하나님께 속한다. 교회는 그분의 신부이며, 이야기를 연출하시는 분은 하나님이다. 목회자가 교회를 건강하게 이끌기 위해서는 반드시 하나님의 섭리 가운데서 자신의 믿음을 삶으로 살아내야 한다. 논란이 일어나고, 사람들이 떠나고, 새로운 사람들이 오고, 재정이 바뀌고, 사람들이 개심하고, 문화의 압력이 밀려오고, 죄가 드러날 때에 그렇게 해야 한다. 이상하게도 비밀스러운 죄들이 계속해서 드러나는 특정한 기간이 있다. 어느 날 아침, 나는 지치고 낙심한 상태로 D. A. 카슨(D. A. Carson)이 아나니아와 삽비라가 발각된 사건에 관해 기록한 묵상에서 다음 구절을 읽었다. "하나님이 교회에서 떠나가시고 수많은 죄가 자연스럽게 행해진다면 그것이야말로 최악의 심판이다. 결국에는 결코 돌이킬 수 없는 재앙으로 마무리될 것이다. 하지만 하나님이 죄에 즉각적으로 가혹하게 응답하신다면 교회는 교훈을 얻어 더욱 심각하게 표류하지 않게 된다."[4] 다시 한 번 주님은 내게 그분을 신뢰하도록 일깨우셨다.

교회가 바뀌도록 하려면, 하나님이 당신과 교회를 하나님의 섭리로 도우신다는 신학을 실제로 살아내고 말겠다는 깊은 헌신이 필요하다.

5. 거울을 보라

교회가 바뀌도록 돕는 과정에서 목회자와 교회는 어떤 변화가 생명을 회복시키는지를 확인하기 위해 거울을 주의 깊게 볼 필요가 있다.

때로 교회는 과거에 사로잡혀 오래되고 효과 없는 사역 형식을 고수하고 있을 수 있다. 아마도 교회의 문화는 방문자에게 호의적이지 않을 수 있다. 또 지역사회에서 교회의 평판이 좋지 않을 수 있다. 어쩌면 변화를 받아들이려고 하지 않는 건강하지 못한 지도자들과 직원들이 있을 수도 있다. 이 중 하나라도 건강한 사역을

---

[4] D. A. Carson, "July 18," in *For the Love of God: A Daily Companion for Discovering the Riches of God's Word*, vol. 1 (Wheaton, IL: Crossway, 1998).

망치는 이유가 될 수 있다. 지혜로운 목회자는 내부 문제와 비효율적인 전략 때문에 교회가 영적 탄력성을 잃고 있는 것은 아닌지 정직하고 주의 깊게 평가한다.

하지만 교회만 거울이 필요한 것은 아니다. 목회자도 거울이 필요하다. 그리고 이 지점에서 기꺼이 도우려는 사랑 많은 사람들이 중요한 자산이 될 수 있다. 사역을 하는 모든 사람에게는 사각지대가 있다. 그리고 때로 그러한 영역들이 의도치 않게 영적 쇠퇴를 낳는다. 예를 들어, 나는 설교를 이 년 정도 하고 나니 설교가 점점 길어졌다. 사십 분으로 시작했던 설교가 곧 오십 분, 육십 분이 되었다. 내가 배우고 있는 것을 사랑했고, 그것을 나누기 원했던 것이다. 하지만 나는 사람들을 지치게 하고 있었다. 심지어 예배가 계속해서 늘어지니 사람들이 좌절감까지 느끼고 있었다. 마침내 사랑 많은 한 형제가 이 사실을 지적하고 내게 정말로 중요한 것만 나누면 어떨지 건의했다. 그의 용기와 친절이 아니었다면 내 설교가 얼마나 길어졌을지 누가 알겠는가?

6. 선교사처럼 생각하라

교회에 관해서 선교사처럼 생각하는 목회자가 그리 많지 않다. 같은 말을 하고, 같은 마을에 살고, 같은 복음주의 신학을 가진 사람들로 이루어진 한 교회이니 모든 성도가 기본적으로 같다고 가정한다. 하지만 그렇게 단순한 경우는 드물며, 이러한 방식으로 생각하다 보면 문화의 상황화라는 중요한 문제를 놓치게 된다.

모든 교회와 구성원에는 각자의 이야기와 역사와 문화와 세계관이 있다. 그리고 지혜로운 목회자는 그 문화를 연구하고 이해하기 위해 부단히 노력한다. 당신이 교회가 바뀌도록 도우려고 한다면 교회의 상황을 심도 있게 주해해야 한다.

쉽지 않은 상황에서 나는 교회를 전도 대상인 하나의 민족 집단으로 여겼다. 나는 개개인을 만날 때마다 각자의 이야기를 배웠다. 많은 질문을 던지며 그분들의 유형과 주제와 결정적인 순간들을 찾았다. 예전의 논란들을 부드럽게 파고들어 어떤 일이 일어났고, 어떤 일이 일어나지 않았는지를 알아냈다. 우리 성도가 읽는 책을 읽고, 일터를 방문하고, 병원에서 함께 기도했으며, 사랑하는 사람이 떠났을 때는 고통스러운 기억을 들었다. 나는 그분들을 이해하길 원했다. 그리고 그분들이 내가 이해하고 있음을 알길 원했다.

나는 그러한 연구를 멈추지 않았다. 그저 새로운 질문이 생겨났기 때문이 아니라, 성도를 공부하는 학생이 될 때의 유익을 맛봤기 때문에 계속해서 연구했던 것이다. 그 경험으로 나는 더 효율적으로 설교할 수 있었고, 어떤 문제에 시간이 더 필요한지도 알 수 있었다.

한 동료 목회자를 점심에 만난 적이 있었다. 그는 심각한 교회 갈등 한가운데 서 있었다. 도움이 필요하다고 했다. 문제는 그가 미국 국기와 기독교 기(Christian Flag)를 강단에서 치우기로 한 결정에 있었다. 나는 그의 이야기에 움찔했다. 그는 목회자가 된 지 고작 몇 년밖에 되지 않았고, 내가 알기로 그 교회에는 참전 용사가 상당히 많았다. 신학적으로는 그의 결정에 동의하지만, 그 문제가 얼마나 쓸데없는 논란을 일으키고 있는지를 알 수 있었다. 충분한 시간을 가지고 자기 성도를 주해하고, 그들의 이야기를 들었더라면 그 깃발 문제가 얼핏 보이는 것보다 훨씬 중요하다는 사실을 알았을 것이다. 그리고 이 문제를 언제, 어떻게 다루어야 할지를 알 수 있었을 것이다.

그는 선교사처럼 생각하지 못했고, 성도의 신뢰를 잃어버리고 말았다. 불행하게도 그가 훼손한 것은 그것뿐만이 아니었다. 그는 너무 빨리, 그리고 경솔하게 바꾸려고 했다. 몇 달 후 그는 교회와 갈라서고 말았다.

선교사만이 특정 집단에 속한 사람들의 환경과 전통과 역사와 상징과 같은 상황화 문제를 주의 깊게 생각해야 하는 것이 아니다. 모든 교회에는 나름의 이야기와 문화가 있다. 교회가 변하도록 도우려면 반드시 선교사처럼 생각해야 한다.

7. 기도하라, 기도하라, 기도하라

마지막으로, 힘들어하는 교회를 도우려면 신실하게 기도에 전념해야 한다. 개인과 목회 사역에 기도라는 필수적인 요소가 없다면, 교회를 바꾸는 일은 자기 의지로 하는 행위가 될 수 있다. 한 친구가 이렇게 말했다. "기도하지 않음은 우리가 하나님으로부터 독립했음을 선포하는 것이다." 목회자들은 반드시 사람을 이끌 때 하나님을 전적으로 의지해야 한다. 따라서 당신의 성도를 위해 기도하는 일은 너무나 중요하다. 나는 사람의 이름을 떠올리고 기도하는 일이 그 사람에 대한 사랑의 불꽃을 부채질하는 일이라는 사실을 깨달았다. 나는 사람들이 성장하고 바뀌기 시작하면서 하나님이 기도에 응답하시는 것을 보았다. 하나님이 새로운 사람들을 위한 기도에 응답하시는 것도 보았고, 우리의 방향을 지지하지 않는 사람들을 다른 곳으로 인도하시는 모습도 보았다.

내 기도 일기는 내 영혼의 바닥짐(ballast)이다.

또 목회자는 성도와 **함께** 기도해야 한다. 첫 교회는 약점이 참 많았음에도 불구하고 기도하는 법을 알았다. 나는 거의 팔 년 동안 매주 토요일 아침 우리 교회를 위해 기도하는 분들을 만났다. 그들의 기도를 들으면서 더 효과적으로 기도하는 법을 배웠고, 교회의 필요를 주님 앞에 올려 드리면서 내 마음은 그분들과 더욱 긴밀하게 연결되었다.

이 기도 시간은 매주 내 영혼과 목회에 대한 마음을 제자리에 돌려놓는 시간이 되었다. 우리의 구성원, 우리의 미래, 그리고 우리의 마음에 관해 신실하게 그분을 찾았던 헌신이 교회의 성장과 건강에 큰 역할을 한다는 사실을 하나님만이 아신다. 그리고 나는 그 경험을 통해 나의 마음도 목회자로서 빚어졌다는 사실을 안다.

저는 오늘 정말로 사랑받고 있음을 느꼈습니다

　힘겨워하는 교회, 죽어 가는 교회를 어떻게 도울 것인가? 신학교에서는 누구도 그 방법을 가르치지 않았다. 많은 교회에 그러한 변화가 필요한데도 말이다. 그렇게 상처받은 교회들은 그들이 건강하게 살아나도록 인도할 지혜롭고, 사랑 많고, 인내하고, 사려 깊고, 기도하는 목자가 필요하다.

　나는 그 교회의 목사가 된 지 상당한 시간이 흐른 후, 설교할 때 쓰던 성경 번역본을 바꿔야 할 때가 되었다고 결심했다. 수년 전이라면 그 문제가 분열을 일으킬 소지가 되었겠지만, 시간이 흐르면서 사람들 대부분이 그것을 문제라고 생각하지 않게 되었다. 하지만 여전히 이러한 결정이 상처가 될 수 있는 가정이 넷 있었다. 나는 이러한 변화를 주기 몇 달 전에 각 가정을 만나서 내가 하려고 하는 일과 그 이유를 나눴다. 나는 그분들이 나의 논리만이 아니라 그들을 향한 나의 마음도 함께 듣기 원했다. 그분들이 동의하지 않을 것이라는 사실을 알면서도 말이다.

　그분들은 교회가 발전하고 있다는 사실을 인정했다. 비록 각 가정이 완전히 지지하는 입장은 아니었지만, 그 대화에 감사를 표했다. 한 분은 말했다. "목사님, 몇 년 전이라면 이 일에 완전히 반대했을 것입니다. 하지만 이제는 목사님을 신뢰합니다. 제가 지지하는 결정은 아니지만, 그래도 괜찮습니다." 또 다른 분은 말했다.

"이 일을 두고 저와 대화를 나눠 주셔서 감사합니다. 저는 오늘 정말로 사랑받고 있음을 느꼈습니다."

불과 몇 년 전이라면 교회를 분열시키고 또 다른 골치 아픈 논쟁을 만들어 냈을 수도 있었을 문제가 잘 받아들여졌을 뿐만 아니라 교회에 대한 사랑과 애정을 드러낼 기회가 된 것이다. 이러한 전략은 다른 영역에서도 효과를 발휘해, 시간이 흐를수록 더 많은 변화와 성장이 나타났다. 현재 그 교회는 다른 목사님의 리더십 아래 여전히 건강하게 성장하고 있다.

교회의 변화를 돕는 일은 겁쟁이가 할 수 있는 일이 아니다. 자신이 있는 곳을 미워하기보다, 자기 교인을 사랑할 수 있는 사람을 위한 일이다.

3.
아내를 어떻게 목양할까

대니얼 L. 애킨
사우스이스턴 침례신학교 총장

나는 어린 나이에 샬럿과 결혼했다. 아내는 열아홉 살이었고 나는 스물한 살이었다. 나는 훌륭한 기독교 가정 출신이었다. 우리 부모님과 조부모님 모두 그리스도인이었다. 샬럿은 나와 완전히 대비되는 가정 출신이었다. 아내의 부모님은 모두 알코올 의존자였다. 그리고 아내가 일곱 살 때 이혼했다. 아홉 살 때 아내는 여동생, 남동생과 조지아주의 침례교단 고아원에 맡겨졌고 열여덟 살 때까지 거기서 살았다. 아내는 그 기간에 부모님을 거의 보지 못했다. 아내의 아버지는 우리 결혼식에도 오지 않으셨다. 우리가 결혼했던 애틀랜타에 살고 계셨는데도 말이다.

내가 이 모든 내용을 밝히는 이유는 우리가 매우 다른 관점과 기대를 품고 결혼에 들어섰음을 말하기 위함이다. 나는 좋은 가정이 어떤 가정인지를 알았지만, 좋은 게 좋은 거라고 생각했다. 완벽함이 이상적이기는 하지만 이 삶에서는 이룰 수 없다고 믿었다. 결혼은 두 죄인이(물론 예수님을 알면 은혜로 구원받지만!) 매우 가깝게 살아가는 것이기 때문이다.

이에 비해 샬럿은 부모님의 삶을 따르지 않기로 굳게 결심한 사람이었다. 아내는 완벽한 결혼생활을 할 작정이었다. 그것이 우리 모두를 죽인다고 할지라도 말이다!(몇 차례 거의 그렇게 될 뻔했다) 이와 더불어 우리는 결혼 이전에 상담을 받은 적이 없었다. 세 가지 이유가 있다. 1) 우리가 결혼하기 전해에 나는 댈러스에 있는 성경 대학을 다녔고, 아내는 나의 부모님과 함께 애틀랜타에 살았다. 2) 우리가 결혼하기 전 주, 우리를 주례하신 목사님이 자신이 아내와 이혼하게 되었다고 말씀하셨다. 우리는 그분을 딱 한 번 만났는데 눈물을 흘리며 사과하시면서 우리에게 무슨 말을 할 기분이 아니라고 말씀하셨다. 3) 나는 성경 대학과 신학교에 다니는 거의 칠 년 동안 정확하게 결혼과 가족을 다루는 수업을 단 한 번 들었는데, 그것도 신학교 교육 과정 외 수업이었다. 나는 신학교에서 가정에 대해 토론해 본 기억이 전혀 없다. 단 한 번도 말이다.

이러한 배경을 고려한다면 당신은 우리의 결혼 초기가 꽤 힘들었으리라 상상할 수 있을 것이다. 어떤 날은 완전한 괴로움이었다. 샬럿과 나는 서로를 사랑했기에 이혼은 절대로 선택사항이 아니었다. 그렇지만 모든 것이 행복하기만 하진 않았다. 그리고 항해는 매끄럽지 않았다. 우리는 힘든 날을 보내기도 했다.

나는 결혼 삼십팔 주년을 기념한 지 얼마 지나지 않아 이 글을 쓰고 있다. 나는 솔직하게 말한다. 예수님을 제외하고는 남편, 아버지, 할아버지가 되는 것보다 나에게 더 큰 행복과 기쁨을 준 일은 없었다. 하지만 어려운 일이었다. 그리고 신학교에서 누구도 어려울 것이라고 얘기해 주지 않았다. 나는 오랜 세월 '역경'의 학교를 통과하며 내가 아내를 더욱 효과적으로, 더욱 사랑으로 목양할 수 있었음을 배웠다. 불행히도 나는 그것들을 신학교 시절에 배우지 못했다.

전에는 알지 못했던 결혼 상담자

나는 강해설교를 하면서 아내 목양법을 배웠다. 특별히 에베소서를 한 절 한 절 살피다가 5장 25-33절에 도달했을 때 그러했다. 이 부분은 성령으로 충만한 사람(앞선 5:15-21의 맥락, 특별히 18절의 맥락을 놓치지 말라), 그리스도를 닮은 남편이 된다는 것의 의미를 밝히는 고전적인 본문이다. 나는 여기에서 모든 남편이 하나님의 선물인 아내를 잘 돌보기 위해 노력할 때 마음 깊이 새겨야 할 다섯 가지 진리를 배웠다. 다섯 가지 진리를 제시한 후에 구체적인 적용을 하려고 한다.

1. 아내를 희생적으로 사랑하라(엡 5:25)

성경은 남편들에게 말한다. "아내 사랑하기를 그리스도께서 교회를 사랑하시고 그 교회를 위하여 자신을 주심 같이 하라." 여기에서 "사랑"은 명령이다.

이 사실은 우리에게 중요한 통찰을 제시한다. 사랑은 종종 감정적인 요소가 있기 마련이지만, 오히려 의지적인 선택이나 결심에 더 가깝다. 즉 "나는 아내가 이러이러하게 해 준다면 사랑하겠어"도 아니고, "나는 아내가 이러이러해서 사랑해"도 아니다. "나는 아내를 사랑해. 끝"도 아니다. 나는 심지어 아내가 사랑스럽게 행동하지 않을 때도 사랑한다. 그것이 바로 예수님이 십자가에 죽으시면서, 하나님의 진노를 짊어지시면서, 내 모든 죄의 형벌을 완전히 대신하시면서 우리를 사랑하신 방식이기 때문이다. 나는 사랑스럽지 않다. 예수님은 그런 내 모습에도 불구하고 나를 사랑하셨다. 예수님은 무조건 나를 사랑하셨다. 그분은 나를 사랑하시고 나를 대신해 자신을 희생하셨다.

남편들이여, 큰일이 있을 때 아내를 희생적으로 사랑하는 것도 물론 중요하다(예를 들어, 나는 아내의 생명을 살릴 수 있다면 기꺼이 대신 죽겠다고 할 수 있다). 하지만 작은 일에서도 아내를 위해 날마다 죽겠는가? 진정한 의미에서 희생적인 사랑이라면 이 두 가지를 모두 하기를 열망하고 또 그렇게 하기 위해 애쓴다.

2. 아내가 성화하도록 사랑하라(엡 5:26-27)

26-27절은 깨끗하게 하고 씻기는 사랑을 말한다. 즉 무언가를 티나 주름 잡힌 것이 없도록 영광스럽게 만들어 거룩하고 흠이 없게 하는 것이다. 나는 결혼생활에서 이 구절들 때문에 오히려 혼란스러웠다. 하지만 이 말씀을 어떻게 그리스도와 교회에 적용해야 하는지는 쉽게 이해하고 확인할 수 있었다.

그리스도는 우리를 구속하시고, 성화하시고, 언젠가 우리를 영화롭게 하실 것이다. 엄청난 일이다! 그래서 결혼과 어떤 관련이 있다는 말인가? 나는 다음과 같은 것은 아닐까 생각했다. 샬럿이 나와 결혼했기 때문에 그리스도와 더 닮아지도록 격려를 받고 그렇게 성장할 수 있다는 것이다. 이런! 마음이 찔린다. 아내가 나와 결혼한 **덕분에** 성화되어야 한다. 나와 결혼했음**에도 불구하고**가 아니라 말이다. 아내는 그리스도와 점점 더 닮아지고 있다. 그런데 나는 이 사실로 인해 심하게 죄책감을 느꼈다. 왜? 내가 아내가 예수님과 닮아 가도록 항상 도운 것은 아니었기 때문이다. 오히려 나는 장애물에 더 가까웠다. 아내를 무시했고, 조급하고 성마르게 굴었으며, 바쁜 일정에 시달렸다.

나는 사우스이스턴 신학교에서 신입생 오리엔테이션을 할 때면 언제나 아내와 자녀들을 위한 시간을 확보하라고 말한다. 그들에게 신학교나 사역이 일 순위가 되지 않게 하라고 간청한다. 나를 오해하지 말라. 신실한 사역에는 고된 노동이 있다. 시간을 투자하고 희생해야 한다. 하지만 인간이 만든 우상의 제단 위에 당신의 결혼생활을 희생제물로 올리지 말아야 한다. 아내의 성화도 하나님이 사역자에게 주신 직무에 들어가 있다. 목회자가 누군가를 제자 훈련 하려고 한다면 그의 배우자와 자녀들부터 시작해야 한다.

3. 아내를 세심하게 사랑하라(엡 5:28-30)

바울은 남편들에게 "자기 아내 사랑하기를 자기 자신과 같이 할지니 자기 아내를 사랑하는 자는 자기를 사랑하는 것이라"(엡 5:28)고 말한다. 그리고 그는 이러한 권고에 담긴 이유를 댄다. "누구든지 언제나 자기 육체를 미워하지 않고 오직 양육하여 보호하기를 그리스도께서 교회에게 함과 같이 하나니"(엡 5:29). 바울의 요점은 이렇다. 남편들이여 자신을 돌보라. 당신은 언제가 좋은 날인지 언제가 나쁜 날인지를 안다. 당신은 일이 잘될 때와 안 될 때를 안다. 마찬가지로 당신은 아내의 필요에 세심하게 반응해야 한다.

나는 '결혼 레이더 시스템'이라는 이미지를 좋아한다. 나는 아내에게 신호를 보낸다. 그리고 그 신호를 다시 받는다. 나는 이미 결혼생활 초기에 하나님으로부터 결혼 레이더 장비를 모두 받았음에도 개선할 필요가 정말 많았다는 점을 고백해야겠다. 그리고 결혼 생활 삼십팔 년을 지났지만, 아직도 그 여정의 결승선에 도달하지 못했다는 점도 고백해야겠다. 하지만 나는 샬럿이 약 사십 년 전에 비해 내가 아내가 여자로서 지닌 필요에 훨씬 세심하게 반응하고 있다고 말하리라 생각한다. 세심하게 아내를 사랑하기 위해서는 아내와 시간을 보내야 한다. 실제로 당신은 아내를 공부하는 학생이 되어야 한다. 형제들이여, 이곳이야말로 당신이 남은 평생 있게 될 학교라는 사실을 인식하라!

4. 아내가 만족하도록 사랑하라(엡 5:31-32)

바울이 결혼 신학의 근거를 두 지점에 둔다는 사실은 놀랍지 않다. 1) 그리스도의 십자가 공로와 2) 타락 이전의 창조 질서이다. 31절에서 바울은 창세기 2장 24절을 인용한다. "그러므로 사람이 부모를 떠나 그의 아내와 합하여 그 둘이 한 육체가 될지니." 그리고 더 나아가 그리스도와 교회에 대해 이것이 신비라고 확언한다. 나는 바울이 함축적으로 남자와 여자에 대해서도 신비라고 말한 것이라고 믿는다. 하지만 이러한 헤어짐과 합침, 이러한 떠남과 만남이 아내의 마음에 만족을 준다.

이 사실은 당신이 아내 안에서 보는 가치를 확인시켜 주고, 이제 아내가 당신과 하나가 되었음을 전한다. 아내는 이제 당신의 주된 관심사이자 당신이 집중하는 대상이다. 나의 주 예수 그리스도와 개인적으로 누리는 친밀함 외에 결혼이라는 놀라운 언약 가운데 공유하는 친밀함보다 더 큰 만족은 없다고 기쁘게 고백한다. 젊을 때 얻은 아내 안에서 만족을 찾는 일은 참으로 하나님이 주신 좋은 선물이다.

5. 아내를 특별히 사랑하라(엡 5:33)

바울은 자신의 교훈을 마무리하며 남자들에게 말한다. "너희도 각각 자기의 아내 사랑하기를 자신 같이 하고." 이 말을 다시 간단하게 말하자면 바울은 모든 남편에게 '한 여자만 아는 남자'(a one-woman kind of man)가 되라고 요청한 것이다. 나를 예로 들자면, 대니 애킨이 한 여자만 아는 남자라는 사실을 친구들도 알고, 가족도 안다는 의미이다. 그는 이 행성에서 오직 한 여인과만 사랑하는 관계에 있고, 그 여인에게만 헌신하고 전념하며, 그 여인의 이름은 샬럿이다.

나는 종종 하나님의 마음에 합했던 남자의 비극적인 이야기를 다시 생각하면서 경고를 받는다. 우리는 이 사람이 다윗임을 알고 있다. 그의 비극적인 이야기로부터 얻은, 거의 사십 년 동안 지금까지 나를 인도해 준 작은 공식을 소개하고자 한다. 나는 당신의 삶에도 좋은 지침과 보호책이 되기를 바라는 마음으로 나눈다. 그 공식은 다음과 같다.

잘못된 사람 + 잘못된 장소 + 잘못된 시간

= 잘못된 일이 발생함

하나님의 마음에 합한 자인 다윗은 잘못된 장소에, 잘못된 시간에, 잘못된 사람과 있었다. 그 결과? 다윗은 거짓말을 했고, 간음을 저질렀고, 살인했다. 하나님의 마음에 합한 자에게 이런 일이 일어날 수 있다면, 분명 대니 애킨의 마음을 가진 사람에게도 일어날 수 있다. 사람들이 당신을 남녀 차별주의자로 고발하라고 해라. 심지어 당신을 순 겁쟁이로 고발하라고 하라! 하지만 당신이 결혼 언약에 신실한 채 무덤에 가게 된다면, 당신은 아내의 웃음뿐 아니라 천국의 웃음도 소유하게 될 것이다.

실용적인 적용을 하려고 한다. 나는 수십 년간 결혼과 가정 콘퍼런스를 여는 즐거움을 누리고 있다. 이것이 내 영적인 취미라고 해도 좋다. 그런데 샬럿은 적어도 한 달에 한 번은 열어야 하지 않겠느냐고 말한다. 내가 가르치는 내용을 계속 잊기 때문이다! 불행히도 이 말에는 약간의 진실이 있다.

남편에 관해서 나는 우선 에베소서 5장 25-33절을 주해한다. 그러고 나서 그 기초 위에 다른 연관 구절을 가져와 아내를 축복할 때 사용할 실용적인 일곱 가지 방법을 나눈다. 나는 이 아이디어가 모든 남편에게 해당한다고 주장할 것이다. 또 나는 방법들이 하나님의 양 떼를 목양하는 자들에게 필요하다고 주장한다. 내가 신학교에서 이것들을 배웠으면 얼마나 좋았을까 생각한다. 아예 하지 않는 것보다는 늦게라도 하는 편이 낫다.

아내를 축복하는 일곱 가지 방법

남편은 그리스도께서 교회를 사랑하시듯 아내를 사랑하고 특별한 사랑의 선물을 제공함으로써 아내에게 복이 될 수 있다. 여기 일곱 가지 방법이 있다.

1. **영적 지도자가 되라.** 경건한 용기와 신념과 헌신과 열정과 성품을 지닌 사람이 되라. 주도권을 쥐고 당신의 가족에게 영적인 환경을 조성하라. 성경에 유능하고 능통한 학생이 되어라. 모든 삶을 하나님 말씀을 근거로 살아가라. 당신의 아내가 하나님의 여인으로 성장하도록 공급하고, 자녀들을 주님의 일에 훈련하는 일에 앞장서라(시편 1편; 엡 5:23-27).

2. **아내를 인정하고 아내에게 감사를 표하라.** 아내의 개인적인 자질과 특성을 칭찬하라. 아내로서, 엄마로서, 주부로서 지닌 미덕을 이야기하라. 다른 사람이 듣는 데서 공개적으로 훌륭한 짝, 친구, 연인, 동료로서 칭찬하라. 당신에게 그 누구도 아내보다 중요한 사람은 없다고 느끼도록 도우라(잠 31:28-29; 아 4:1-7; 6:4-9; 7:1-9).

3. 개인적인 애정(로맨스)을 보이라. 때에 맞도록 넉넉한 애정을 아낌없이 드러내 보이라. 당신이 아내를 얼마나 생각하는지를 끊임없이 말로, 편지로, 꽃으로, 선물로, 일상적인 예의로 전하라. 기억하라. 성적 결합을 더욱 온전히 즐길 수 있고, 놀라운 결혼생활이 계발되는 환경이 바로 애정이다(아 6:10, 13; 엡 5:28-29, 33).

4. 친밀한 대화를 이끌라. 감정의 단계에서 (마음에서 마음으로) 아내와 이야기하라. 하룻동안 있었던 일에 관한 아내의 생각(아내의 마음)을 세심하게, 흥미롭게, 관심을 가지고 들으라. 아내와의 대화를 통해 아내를 이해하고 싶은 열망을 전하라. 아내를 변화시키려는 열망이 아니다(아 2:8-14; 8:13-14; 벧전 3:7). 아내를 바꾸는 일은 하나님이 하실 일이지 당신이 할 일이 아니다.

5. 항상 정직하고 솔직하라. 사랑으로 아내의 눈을 바라보고 언제나 진실을 말하라(엡 4:15). 당신의 계획과 행동을 분명하게 설명하라. 당신이 아내를 책임지기 때문이다. 아내가 당신을 신뢰하고 안전함을 느끼도록 인도하라(잠 15:22-23).

6. 가정에 필요한 것을 지원하고 안정감을 주라. 가족이 살 곳을 마련하고, 먹이고, 입히는 책임을 짊어지라. 필요한 것을 공급하고 보호하라. 상황이 어려울 때도 자신을 애처롭게 생각하지 말라. 가정생활을 개선할 수 있는 구체적인 방안을 찾으라. 당신의 결혼생활과 가정을 더욱 안전하고 더욱 만족감을 주는 수준으로 올리라. 남편과 아버지는 가정에서 안보의 중추임을 기억하라(딤전 5:8).

7. 가정에 헌신하고 있음을 입증하라. 주 예수님 다음에 아내와 가정을 두라. 당신 자녀의 영적, 도덕적, 지적 계발을 위해 시간과 에너지를 바치라. 예를 들자면, 자녀들과 기도하고(특히 밤에 침대에서), 책을 읽어 주고, 함께 운동하고, 함께 외출하라. 당신의 배우자와 자녀들이 방치된 채로 시들어 가고 있는데, 혼자 출세하겠다고 오랜 시간 일하는 어리석은 짓을 하지 말라(엡 6:4; 골 3:19-20).[5]

말씀으로 가르침을 받다

이것들은 내가 신학교에서 배운 것이 아니다. 나는 삶에서 배워야 했다. 그리고 하나님의 말씀을 주해함으로 배웠다는 사실에 감사한다!

---

[5] 관련 논의를 확인하려면 다음도 참고하라. Daniel L. Akin, "Pastor as Husband and Father," in *Portraits of a Pastor: The 9 Essential Roles of a Church Leader*, ed. Jason K. Allen (Chicago: Moody Publishers, 2017), 그리고 Akin, *Exalting Jesus in Song of Songs* (Nashville: B&H, 2015).

4.
나와 다른 사람들을 어떻게 목양할까

제프 히그비
페이스 에반젤리컬 교회 목사

　나는 줄곧 주요한 거대 도시(로스앤젤레스, 워싱턴 DC, 시카고)에 딸린 넓은 교외 지역에만 살았다. 따라서 하나님이 나를 신학교를 마치자마자 지방에 있는 교회로 보내시는 것은 말이 안 되는 소리였다. 노스다코타주 언더우드의 인구는 천 명이 미처 되지 못했고, 모든 카운티를 다해도 만 명을 약간 넘었다.
　내가 그 전 십 년 동안 속했던 교회는 일리노이주 에반스턴에 있었고, 교인은 대부분 이십 대에서 삼십 대였다. 2007년 아내와 내가 처음 페이스 에반젤리컬 교회로 왔을 때, 나는 우리 가족과 친구들에게 이런 농담을 했고, 그 당시에는 사실이기도 했다. 즉 아직 학교에 다니는 사람들 말고는 우리가 교인 중에서 가장 젊다고 말이다.

나는 영화나 스포츠 경기 관람을 좋아한다. 하지만 우리 지역의 취미는 사냥과 낚시다. 제일 가까운 복합 상영관은 팔십 킬로미터나 떨어져 있고, 주요 리그에 속한 스포츠팀이 있는 미니애폴리스는 집에서 여덟 시간 거리다!

하지만 이제 시골에서, 야외 생활에 익숙한 나이 많은 분들로 이루어진 공동체에서 섬긴 지도 팔 년이 넘었다. 그리고 나와 다른 분들을 목회하는 일을 감사히 여기게 되었다고 정직하게 말할 수 있다. 그리고 하나님은 나뿐 아니라 나를 불러 목회하게 하신 그분들에게도 복을 주셨다.

따라서 내 목표는 당신이 처음부터 다시 시작하면서 헛수고하지 않고, 하나님이 당신을 부르신 자리가 어디든 바로 그 자리에서 바로 시작할 수 있도록 하는 것이다. 물론 당신의 상황과 내 상황은 다르겠지만 말이다. 또 나는 하나님이 당신과 상당히 다른 문화적, 인구통계학적, 신학적 배경을 지닌 사람들에게 보내실 때도 마음을 열면 좋겠다.

앞으로 목회자가 될 모든 사람이 첫 사역 전에 읽고, 새로운 교회에서 새롭게 시작하기 전에 다시 읽기를 강력하게 추천하는 책 한 권이 있다. 바로 마크 데버(Mark Dever)와 폴 알렉산더(Paul

Alexander)가 쓴 『사려 깊은 교회』(*The Deliberate Church*)이다. 나는 목회자들이 이 책 첫 장에 나오는 "네 가지 P"를 꼭 실천하도록 권하고 싶다. 바로 설교(preach), 기도(pray), 개인적인 제자 양육 관계(personal discipling relationships), 인내(patient)이다. 교회에 반드시 바꿔야 하는 것이 없다면 첫해에는 어떤 변화도 실행하지 말라. 회중과 공동체를 아는 일에 시간을 들이라. 그리고 하나님의 말씀을 선포하고 기도를 통해 성령님의 인도를 구함으로써 견실하게 기초를 두라.

당신은 작은 읍내 출신인데 도시 교회에서 섬기도록 부름을 받을 수 있다. 또 당신과 전혀 다른 인종으로 구성된 교회로 부름을 받을 수 있다. 아니면 당신이 회중 대다수와는 전혀 다른 삶의 단계에 있을 수도 있다. 당신이 섬겨야 할 분들과 마주하게 될 차이는 대략 다음 세 가지 항목 중 하나에 속할 것이다. 즉 문화적 차이, 인구통계학적 차이, 신학적 차이다.

문화적 차이

노스다코타주에서 첫해를 보내는 동안 나는 다른 젊은 목사님과 함께 콘퍼런스를 마치고 돌아오는 중이었다. 그분 역시 도시 지역에 살고 있었다. 운전 내내 우리는 이야기를 주고받으며 우리가 발견한 차이점을 나누고 있었다. "나는 남자라면 이렇게 할 수 있다고 생각해"(I suppose a guy could)라는 말도 나왔다. 우리 동네에서는 사람들이 너무 직설적이지는 않게 충고하려고 할 때 말문을 열기 위해 쓰는 말이다. 그러면 내 친구들은 신이 나서 대꾸한다. "누가 그 남자야? 내가 그 남자야? 너가 그 남자야? 누가 그 남자야!"

이것은 **문화 차이**의 한 예이다. 문화 차이는 그 지역에서만 독특한 의미를 담고 있는 단어부터 시작해서 지역의 맛있는 음식, 여가를 보내는 방법, 가치를 두는 대상까지 그 무엇이든 될 수 있다. 예를 들어, 내 현 상황에서 보자면 저녁 정찬(dinner)과 저녁 식사(supper)라는 용어를 사용할 때는 누구에게 말하고 있는지를 잘 파악하는 일이 중요하다. 그렇지 않으면 당신은 식사 자리를 놓칠 수도 있고, 심한 경우 이웃을 모욕할 수도 있다.

문화적으로 당신과 다른 사람들을 신실하게 목회하기 위해 당신이 가장 먼저 해야 할 일은 당신이 처한 상황에 대해 최대한 많이 아는 것이다. 당신의 교회에 있는 사람들을 아는 일부터 시작하라. 가능하다면 그들의 가정과 일하는 곳을 방문하라. 또 당신의 이웃이 누구인지를 배우라. 지역 가게 사장님들과 이야기를 나누라. 지역 도서관에 당신의 공동체에 관한 정보가 있는지 확인하라. 많은 질문을 던지라. 일반적으로 사람들은 자신의 유산에 자부심이 있으며 기꺼이 이야기하려고 한다. 교회 안에 오랫동안 지역 공동체에 속한 분이 계신다면 구경도 시켜 주고 다른 이들에게 소개도 해 달라고 부탁하라.

또 사람들과 가까워짐으로써 당신이 속한 그곳 사정에 대해 최대한 많이 배우라. 노스다코타주에서 첫 이 년 동안 나는 한 농부와 콤바인을 탔고, 한 목장 주인과는 울타리를 고쳤으며, 또 다른 분과는 가축의 접종을 하고 무게를 쟀다. 그리고 많은 분과 낚시를 갔다. 이렇게 해서 그분들과 제자 양육 관계를 맺을 수 있었고, 그분들을 향한 나의 사랑을 보여 주고, 하나님이 내게 섬기도록 부르신 공동체의 가치를 직접 경험할 수 있었다. 그분들의 근거지에서 함께 시간을 보내고, 필요할 때는 (사랑하는 사람의 죽음과 같은) 그분들의 가정을 섬김으로써 그들의 눈에 들 수 있었다. 그러자 그분들은 내가 교회를 이끌 때 기꺼이 신뢰했다.

당신이 속한 공동체의 체질을 알게 되었다면, 그러한 문화적 차이를 연구하라. 그러한 차이는 종종 인종 배경과 연관이 있다. 예를 들어 노스다코타주의 우리 지역은 대부분 근면하고 도움을 구하기 꺼리는 독일인과 스칸디나비아 사람들로 구성되어 있다. 근면이 좋은 것이기는 하지만 자급자족하고 다른 이에게 자신의 삶을 공개하지 않으려는 성향은 개인의 성숙을 막고 주님 안에서 다른 이를 섬기는 일에도 지장이 된다. 내가 섬기는 교회 내에서 이런 일이 뿌리내리게 한 방법은 기도 요청이었다. 교인들을 보니 자신과 다른 이의 건강 문제와 같은 육체적 필요에 대한 기도는 요청하지만, 자신의 영적인 필요는 기도 요청하지 않는 경향이 있었다. 내 아내와 나는 영적 필요와 어려움에 관해 마음을 여는 모범을 제시했다. 시간이 흐를수록 오랫동안 교회 구성원이었던 분들 역시 점차 자신의 영적 필요에 대해 기도를 요청하기 시작했다.

바울은 고린도전서 9장 22절에서 "내가 여러 사람에게 여러 모습이 된 것은 아무쪼록 몇 사람이라도 구원하고자 함이니"라고 쓴다. 그는 자신이 처한 상황에 따른 문화 차이를 이해하는 모범을 보인다. 예를 들어 디모데에게는 유대인들에게 사역하도록 할례를 받게 한다(행 16:3). 그리고 아테네인들에게는 그들의 종교에 호소해 복음을 전하는 방편으로 삼는다(행 17:22-23). 마찬가지로 우리도 선교사처럼 목회 사역을 추구하는 일이 중요하다. 우리가 처한 상황에 대해 모든 것을 알려는 열망을 품어야 한다. 그래서 하나님이 우리를 그 안에서 효과적으로 사용하실 수 있도록 해야 한다.

인구학적 차이

당신보다 나이가 더 많고 대부분 당신이 살아온 날보다 더 오래 그리스도인이셨던 분들을 어떻게 인도할 것인가? 어떻게 열두 시간 교대로 일하는 분들과 지속적인 제자 양육 관계를 유지할 수 있는가? 내가 인구학적 차이가 있는 분들을 목회하는 방법을 배우기 위해 애쓰면서 고민했던 질문들이다. 그러한 요소에는 나이, 인생 단계, 가족 크기, 수입, 육체노동과 정신노동의 차이, 시골과 도시의 마음 자세의 차이 같은 것들이 있다.

하나님의 선하신 섭리로 나는 사우스다코타주의 시골 지역에서 자란 친한 친구와 노스다코타주에서 목회하신 신학교 교수님을 알고 있었다. 두 사람은 내가 북쪽 평야 지대로 이사해 오기 전부터 이러한 인구학적 차이점을 고려하는 방법에 대해 값진 통찰을 주었고, 시골과 도시의 마음 자세의 차이를 분명히 이해할 수 있도록 도움을 줬다. 예를 들어, 일반적으로 시골 상황에서는 돈보다는 시간이 많다. 반면 도시 상황에서는 시간보다 돈이 많다.

사역 전략이란 절대로 상황과 관계없이 일률적이지 않다. 도시 환경에서 효과적이었던 것이 작은 마을에서는 통하지 않고, 그 반대도 마찬가지이다. 시카고 지역에 있던 이전 교회는 대학 도시에 있었고 사람들은 대부분 석사나 박사는 아니어도 적어도 학사 학위를 지니고 있었다. 그리고 많은 사람이 더 높은 학위를 얻으려고 노력했다. 커리큘럼에 조직신학을 넣어서 주일학교나 남성 모임을 열 수 있었고 충분히 참여를 유도하는 데도 문제가 없었다.

하지만 언더우드에 와 보니 그렇지 않았다. 회중이 문맹이라거나 교육받지 못한 층이라는 말은 절대로 아니다. 그저 신학 서적을 읽는 일이 제자 훈련 과정이었던 적이 없었을 뿐이다. 나는 천천히 시작했다. 기독교 잡지에서 도움이 될 기사를 발견하면 회중이 읽을 수 있도록 했다. 좋은 가격의 괜찮은 책을 발견하면 교회 가족들에게 드릴 성탄절 선물로 샀다. 시간이 흐르자 이러한 습관 때문에 교인들이 독서에 더 많이 관심을 보이게 되었다. 더 중요한 사실은 그들이 점점 제자로 성장한다는 점이었다.

제자 삼기의 위대한 점은 바로 특정한 인구학에 근거하지 않는다는 사실이다. 오히려 당신이 처한 특별한 정황에 맞게 조정할 수 있다. 교외에 위치한 교회에서는 오전 6시에 남성 기도회나 아침 식사 모임을 열 수 있다. 하지만 언더우드에서 그렇게 했다가는 아무도 오지 않을 것이다. 관심이 없어서가 아니라 그 시간에는 농장의 잡일을 돌보거나 교대 근무에 들어가기 때문이다. 나는 최고의 효율성을 내도록 사역을 꾸리기 위해 시골 공동체의 생활 리듬이 어떻게 돌아가는지를 배워야 했다(우리는 11월 초에 '사슴 수렵 개시' 행사를 계획하지는 않는다!). 사람들이 9시부터 5시까지 일하는 직장에 얽매이지 않기에 오히려 나는 자유로운 시간에 일대일 제자 양육과 결혼 상담을 할 수 있었다. 이처럼 당신이 속한 공동체의 삶의 리듬을 배우고 거기에 적응해야 한다.

신학적 차이

신학적 차이에 관해서는 할 말이 많다. 하지만 나는 지엽적인 문제와 기호의 문제를 어떻게 다뤄야 하는지에 더 집중하고자 한다. 우리 회중에서 아마 아내를 제외하면, 모든 신학 요점에 관해 누구도 내게 완전히 동의하는 사람은 없으리라 본다. 예를 들어 우리 중에는 칼뱅주의자도 있고 아르미니위스주의자도 있다. 세대주의자도 있고 적어도 한 사람은(나인가!) 역사적 전천년주의자도 있다. 부차적인 문제에 관해서 모든 사람이 같은 견해를 지니지 않는다는 점에 오히려 감사한다. 그래야 활발하게 토론이 일어나기 때문이다. 나는 교인들의 확신이 내가 아닌 성경에서 나오기를 바란다.

내가 **신학적 기호의 문제**라고 할 때는 예배 형식부터 예배 시간 및 목회자에 대한 기대에 이르기까지 모든 것을 뜻한다. 나는 교외 지역의 더 젊은 교회에서 왔기 때문에 '목회자 심방'은 교장실 호출 같았다. 심방을 받는다는 것은 무언가 문제가 있거나 아니면 무언가를 해 달라고 요청을 받는다는 의미였다. 하지만 나는 목회자 심방이 무서워할 것이 아니라 우리 회중을 배울 수 있는 방법이라는 사실을 깨달았다. 그리고 이제는 제자를 양육하고 상담하는 수단이 되었다. 특별히 항상 주일에 나오지 못하는 나이 많은 교인분들을 제자 양육할 때 탁월한 방식이었다.

나의 목회 철학은 대부분 에베소서 4장 11-12절에 있다. "그가 어떤 사람은 … 어떤 사람은 목사와 교사로 삼으셨으니 이는 **성도를 온전하게 하여 봉사의 일을 하게 하며** 그리스도의 몸을 세우려 하심이라." 하지만 지난 세대에는, 특히 작은 마을 교회에서는 보통 목사가 실질적으로 사역의 대부분을 했다. 나는 모든 성도가 제사장 되게 하는 사역의 기초를 세우기까지, 교회의 누군가가 새로운 사역을 제안해 오면 그분께 그 사역을 하도록 권했다. 이렇게 함으로써 나는 그분을 제자로 삼고, 그분 자신도 사역자가 될 수 있음을 보이는 추가적인 기회로 삼았다.

디모데후서 2장 24-25절은 말한다. "주의 종은 마땅히 다투지 아니하고 모든 사람에 대하여 온유하며 가르치기를 잘하며 참으며 거역하는 자를 온유함으로 훈계할지니 혹 하나님이 그들에게 회개함을 주사 진리를 알게 하실까 하며." 바울이 에베소의 거짓 교사들을 향해서도 이렇게 인내하는 태도를 명했다면 우리와 신학적 기호가 다른 사람들에게도 그 태도를 적용할 수 있다고 생각한다. 사람들이 성장해야 할 영역을 보기는 쉽다. 하지만 나는 우선 다른 분들께 모범을 보이고, 하나님의 은혜가 활발히 나타나 그분들이 우리를 가르칠 수 있는 영역을 찾도록 격려했다.

부름받아 준비되다

따라서 하나님이 당신을 문화적으로, 인구학적으로, 신학적으로 당신과 다른 교회를 섬기도록 부르신다면, 혹은 이 세 가지 차이가 모두 혼재한 곳으로 부르신다면 몇 가지를 명심해야 한다.

첫째, 모든 목회자는 일시적이다. 당신은 이동하고, 은퇴하고, 죽을 것이다. 하지만 그 교회에 속해 공동체에서 살아가는 사람들은 남을 것이다. 따라서 겸손한 마음으로 교회가 당신에게 적응해야 할 영역과 당신이 교회에 적응해야 할 영역을 잘 분별하라.

둘째, 하나님이 당신을 어디로 부르시든 하나님은 당신을 준비시키신다. 당신이 작은 마을에만 살았는데 도시 교회로 부르신다면 거기에서 잘해 낼 수 있도록 필요한 모든 것을 당신에게 공급하실 것이다.

마지막으로, 당신에게 가족이 있다면 이러한 차이에 직면하는 사람은 당신만이 아니라는 사실을 잊지 말라. 당신과 다른 사람들을 목회한다는 것이 무슨 의미인지 가족이 이해하고 생각해 볼 수 있도록 도우라.

5.
담임목사와 의견이 다를 때

맷 캡스
에이펙스의 페어뷰 침례교회 담임목사

당신이 섬기는 교회의 담임목사와 의견이 심각하게 갈리면 어떻게 하겠는가? 이러한 상황은 종종 뜻하지 않게 찾아오지만 보통 신학교는 이럴 때 어떻게 대처해야 하는지를 가르치지 않는다. 우리는 타락한 세상에서 살아가기에 관계의 갈등이 불가피할 때도 있다는 사실을 안다. 심지어 목회자들 사이에서도 그러하다.

내가 지역 교회 사역 팔 년 차에 들어섰을 때 이런 상황이 발생했다. 그 시기 동안 나는 마지막 때에 대한 해석, 선호하는 성경 번역본, 사역 철학의 차이 등 때문에 그 교회에서 깨끗한 양심으로 섬기기 어려울 수 있겠다는 사실을 보게 되었다. 감사하게도 나는 우려하는 사안들과 일치하지 않는 점들에 관해 목사님들과 논의할 수 있었고, 지혜로운 형제들과 만나고 많이 기도한 후 은혜롭게 갈라지는 편이 교회와 나에게 최선이라고 결론 내렸다.

이러한 결정을 내릴 때 내가 언제나 완벽하게 대처한 것은 아니었다. 그렇지만 감사하게도 교회 지도자들과 나의 관계는 양호했고 차이점에도 불구하고 상호 존중을 유지했다. 하지만 그렇게 일치하지 않는 지점들을 처리하는 법을 배우는 일은 고역이었다. 나는 이 장이 이처럼 다른 점들을 해소하기 위해 애쓰는 이들에게 도움이 되는 하나의 틀을 제공하기를 기도한다.

갈등에 대한 성경의 요청

굉장히 중요한 성경적 원칙이 있다. 불일치를 지혜롭고 분별력 있게 다루어야 교회 내에 분열이 생기지 않는다는 점이다. 성경적으로 일치를 이루어야 회중의 건강함을 지켜 낼 수 있다. 이 점이 너무나 중요하기에 예수님도 요한복음 17장의 대제사장적 기도를 드릴 때 교회의 '하나 됨'에 기도 대부분을 할애하셨다. 더 나아가 바울은 고린도전서 1장 10절에서 교회 안에 분열이 있어서는 안 되고, 모두가 같은 뜻으로 온전히 합해야 한다고 분명히 밝힌다.

따라서 우리는 겸손한 마음으로 불일치에 접근해야 한다(빌 2:3). 그리고 "평안의 매는 줄로 성령이 하나 되게 하신 것을 힘써 지키"(엡 4:3)어야 한다.

다른 사람과 화목하게 살아가라는 명령에는 긴급함이 있다(롬 12:18; 히 12:14). 갈등을 적절하게 처리하거나 해결하지 않으면 후에 더 큰 분노와 함께 수면 위로 드러나게 되고, 결국에는 괴로움과 분열만 남게 될 수 있다. 이런 의미에서 갈등은 우리가 하나님께로 향하는 기회가 될 수도 있고, 하나님이 우리 마음 안에서 그리고 서로를 통해 일하심으로써 우리의 선을 세우시고 자신의 영광을 드러내시는 기회가 될 수도 있다.

만약 불일치하는 요소를 조정할 수 없다면, 당신은 관계의 회복과 평안하게 마음을 같이하는 것 자체를 목표로 삼아야 한다(고후 13:11). 내 경험에서 보자면 많은 경우 다른 목회자와의 불일치는 상호 이해를 추구하면서 정직하고 은혜롭게 충분히 논의하면 해결될 수 있다. 그러한 불일치는 결국 오해에서 비롯한 것이거나, 내가 무지하거나 부분적으로만 이해하고 판단했기 때문이었다. 몇몇 경우에는 여전히 일치할 수 없더라도 대화와 깊은 반성을 통해 다른 사람의 관점을 이해할 수 있었고, 내가 처음에 우려하던 정도가 덜해지기도 했다. 하지만 어떤 불일치는 실제적일 뿐만 아니라 조정할 수도 없었다. 그렇다면 우리는 어떤 불일치는 조정할 수 없는지, 어떤 행동이 지혜로운 방책인지 어떻게 결정해야 하는가?

갈등에 대한 목회적 조언

당신이 교회 지도자라면, 모든 사람은 거울을 통해 희미하게 볼 뿐이라는 사실을 이해할 것이다(고전 13:12). 더 나아가 마음이 만물보다 거짓되다는 사실도 이해할 것이다(렘 17:9). 그리고 우리의 죄악이 어떠한 결과를 초래하는지도 이해할 것이다(롬 7:18–25). 싸움을 일으키는 우리 안의 정욕 때문에 그러한 갈등들이 일어난다(약 4:1–3). 따라서 의견이 갈린 근본적인 이유를 살피고 얼마나 중요한 것인지 이해하기 위해 몇 가지를 질문하면 좋다. 다른 사항을 고려하기에 앞서 여기서부터 시작해야 한다. 당신이 합의하지 못하는 점을 생각해 보라. 그곳은 정말로 당신이 죽어야 할 언덕인가?

되돌아보니 나는 이 질문을 항상 던지지는 못했다는 점을 깨닫는다. 반드시 그렇게 해야 했을 때도 그러지 못했다. 타락은 명확하게 사고하는 우리의 능력에 악영향을 끼칠 뿐 아니라 우리가 부적합한 감정과 행동으로 반응하도록 만들 수도 있다. 이러한 관점에서 볼 때, 그러한 상황에 최대한 잘 대처하는 방법에 관해서 그동안 나름대로 터득한 것들이 있다.

1. 의견 충돌이 개인의 감정 문제는 아닌가? 그렇다면 얼마나 심각한가? 예수님은 우리에게 죄를 지은 자를 용서하는 것과 예수님이 우리를 용서하시는 것의 상관관계에 관해 경고하셨다(마 6:14–15;

막 11:25). 당신이 용서했기 때문에 하나님의 용서를 얻었다는 것이 아니다. 하나님은 용서받은 사람에게 용서하기를 바라실 뿐이다(마 18:21-25). 마찬가지로 마음을 상하게 한 사람이 해결책과 회복 방법을 찾아야 한다(롬 12:18).

몇몇 경우 마음을 상하게 한 사람이 그저 무지해서 또는 의도적으로 알리고 하지 않아서 그렇게 했을 수 있다. 참작할 만한 이유를 몰랐을 수도 있지만, 강퍅한 마음 때문에 그러했을 수도 있다. 다양한 이유에 따라 다양한 접근법이 요구된다. 하지만 마태복음 18장 15절의 중심 진리는 다음과 같다. "네 형제가 죄를 범하거든 가서 너와 그 사람과만 상대하여 권고하라 만일 들으면 네가 네 형제를 얻은 것이요."

성경의 방식을 따르는 것이 당연하다. 그리스도인의 사랑이 그렇게 하기를 요구하기 때문이다. 개인적으로 기분이 상한 것이 의견 충돌과 관련이 있든 없든, 언제나 우리는 얼굴을 맞대고 이야기하며 상황을 분명히 밝히는 것부터 시작해야 한다.

지도자가 문제 해결과 회복의 성경적 방식을 따르려고 하지 않을 때, 의견 충돌은 잘 풀리지 않는다. 가해를 입힌 측과 가해를 당한 측이 갈등의 근원을 규정하려 들지 않거나 회복을 추구하지 않을 때 그런 일이 발생한다. 예수님이 우리에게 마태복음 18장 15-20절에서 갈등 해결 과정의 절차를 알려 주신 맥락을 이해하는 것이 중요하다. 이전 문단에서 예수님은 잃어버린 양 한 마리를 찾은 후 기뻐하는 한 목자를 묘사하신다(마 18:12-14). 그리고 21-35절에서는 악한 종의 이야기를 들려주신다. 이 이야기는 하나님이 우리에게 자비로우셨듯이 우리도 자비로워야 함을 가르친다. 그러면 갈등 해결의 단계는 잃은 양을 집으로 데려오는 선한 목자의 이미지와 다른 이에게 자비를 보이라는 명령 사이에 끼어 있는 셈이다.

양편에서 해결책이나 회복 방안을 추구하려는 의지가 없다면 한두 증인과 함께 상대방에게 접근하는 일이 필요할 수도 있다(마 18:16). 마태복음 18장 15-17절의 단계마다 질문을 던져 의견의 불일치가 어떻게 일어난 것인지를 확인하는 과정이 중요하다.

2. 의견 불일치가 목회 철학과 관계된 것인가? 만약 그렇다면 어느 정도 수준인가? 이것이야말로 불일치가 일어나는 가장 복잡한 영역이다. 왜냐하면 교리뿐 아니라 지혜와도 관계가 있기 때문이다. 당신이 담임목사의 목회 철학에 심각하게 동의하지 못하는데 함께 일하는 것은 지혜롭지 못하다. 사역 구조상 담임 목회자의 역할이 있기 때문에, 당신과 담임목사가 모두 양보하거나 함께 변화를 꾀하지 않는 이상 당신이 건강한 방식으로 변화를 이끌기는 쉽지 않다.

하지만 당신이 담임 목회자 아래서 계속 섬겨도 괜찮겠다고 생각하게 하는 변화를 이끌어 낼 만한 적절한 기회가 분명히 있을 것이다. 그렇지만 목회 철학 수준에서 불일치가 있다면 당신은 현 위치를 떠나 더 적절한 곳에서 사역하는 편이 낫다. 그렇게 하는 것이 장기적으로 교회와 당신 자신의 양심에도 좋다. 불행히도 복음의 온전성이 위험에 처해 있다고 느낀다면, 그러한 불일치는 타협할 수 없다. 따라서 헤어지는 지혜로운 방식을 찾는 것이 최선일 것이다.

3. 성경적으로 규정된 사역 방식을 수행하지 못해서 나온 불일치인가? 당신은 어쩌면 담임 목회자가 성경에 제정된 목회자의 역할을 담당하지 못하고 있다는 생각에 이르렀을 수도 있다. 신약 성경에서 **목사**라는 직함은 '목자'라는 함축이 있다(엡 4:11; 히 13:20; 벧전 2:25). 목사는 양 떼를 먹이고, 기르고, 보호한다. **장로**는 교회의 대표자로서 지도자의 위치에 필요한 영적 성숙을 갖춘 자이다(행 14:21-23). **감독**은 지도력을 발휘하고 교회의 방향을 제시하는 기능을 한다(딤전 3:1-7:1; 벧전 5:1-3). 목사의 주된 관심은 인도(살전 5:12; 히 13:17), 돌봄(약 5:14; 벧전 5:2), 가르침/설교(엡 4:11; 딤전 3:2; 5:17; 딛 1:9), 성도를 사역에 준비시키는 일(엡 4:12-16; 딤후 2:2) 등이다.

만약 담임목사가 성경적 방식으로 기능하려 하지 않는다면 떠날 때가 된 것일 수 있다. 슬프게도 너무나 많은 담임목사가 자신들만 하나님으로부터 말씀을 듣는 유일한 사람인 것처럼 행동한다("나는 하나님의 사람이야"). 그리고 그렇게 함으로써 교회와 목자직들에 대한 자신의 책임을 회피하는 구실로 삼는다.

4. 불일치가 교리 문제인가? 그렇다면 어느 정도인가? 교리의 중요성을 체계화하는 여러 방식이 있다. 앨버트 몰러(Albert Mohler)의 '신학 분류'(theological triage)에는 세 가지 단계가 나오는데 그러한 차이를 시각화하고 평가할 때 도움이 된다.[6]

첫 번째 단계에 있는 교리들은 기독교 신앙의 핵심을 규정하는 절대적인 것들이다. 성경의 권위, 삼위일체론, 인간론, 구원론(믿음으로 인한 칭의) 등은 첫 번째 단계의 교리다. 이것들은 기독교 신앙에 가장 중요하다. 만약 차이가 이러한 교리와 관련한 것이라면 떠나는 것이 최선이다.

두 번째 단계에 있는 교리들은 핵심 기독교 신앙을 대변하지는 않는 신념에 관한 것들이다. 이러한 이슈들은 교회의 건강과 효율성에는 상당한 영향을 끼칠지 모른다. 두 번째 단계에 있는 교리들은 교단의 차이 또는 특정 교회의 고유한 핵심 가치들을 포괄한다. 세례, 교회 운영 체제, 사역에서 여성의 역할 등이다. 지역 교회는 신학과 실천 면에서 이런 문제들에 합의해야 할 필요가 있다. 두 번째 단계의 문제들은 의미심장한 방식으로 교회의 방향성과 유대감을 형성한다. 이러한 문제들에 차이가 나타났을 때에도 자신의 온전함과 교회의 건강을 위해 헤어지는 편이 최고로 보인다.

---

6) Albert Mohler, "A Call for Theological Triage and Christian Maturity," *Church History*, July 12, 2005, http://www.albertmohler.com/2005/07/12/a-call-for-theological-triage-and-christian-maturity/를 보라.

세 번째 단계 교리들은 선한 그리스도인들이 분열 없이 동의하지 않을 수 있는 문제들을 포괄한다. 일반적으로는 분열할 가치가 없는 것들로서, 종말론과 같은 문제들이다. 그리스도인들은 마지막 때에 대한 어려운 본문 해석과 관련하여 얼마든지 세부 사항이 일치하지 않을 수 있다. 이러한 차이로 인해 분리가 일어나게 해서는 안 된다. 하지만 담임목사가 세 번째 단계의 교리나 양심의 문제를 교회에서 가장 중요한 문제로 강요할 때는 갈라지는 것이 최선일지 모른다.

중요도에 따라 불일치의 문제를 바르게 판단하지 못해 장로들 사이에서 갈등이 발생하는 경우가 많다. 모든 불일치를 복음처럼 중요한 수준이라고 여긴다면 형제들 사이에는 오류를 범할 여지가 사라진다. 반면에 어떤 문제도 가장 중요한 단계로 여기지 않는다면 책임감이 없어진다. 따라서 지혜로운 행동 방침을 구할 때는 명확하게, 지혜 있게, 겸손하게 이러한 문제들을 판단하는 일이 중요하다.

중재를 위한 교회의 구조

감사하게도 당신의 교단이나 교회론이 어떠하든, 갈등이 발생할 때 보통은 당신이 어떻게 반응해야 할지에 관한 정책, 과정, 구조

등이 있다. 성공회 교도들은 갈등 가운데 주교의 지도를 받을 수 있다. 장로교도들은 장로 목사회, 장로회, 교회 법정 등이 있다. 회중교회는 보통 장로/집사 또는 인사팀을 두어 객관적인 시각에서 갈등을 다루게 한다. 그러한 구조가 없다면 반드시 비극이 따른다.

하지만 때로는 이러한 교회 구조로도 갈등이 해결되지 않는다. 한 장로 친구는 최근에 담임목사가 유명한 설교가의 출판물을 한 자도 바꾸지 않고 설교로 그대로 전하는 상황을 마주하게 됐다. 목사가 그 책에서 예시를 가져왔는데, 사람들의 이름만 바꿔 자신이 경험한 것처럼 이야기한 것이다. 내 친구는 그 증거가 너무나 분명하여 집사회 회장과 인사 위원회에 찾아갔다. 슬프게도 목사는 그러한 주장에 반박하며 자신은 표절한 그 작품을 본 적이 전혀 없다고 부인했다. 그러자 집사들과 인사 위원회 누구도 목사에게 책임을 묻지 않았고, 내 친구는 교회를 옮겼다.

의견 불일치를 처리하는 교회의 체계가 있더라도, 어떠한 방식이든 분열과 불신을 초래할 수 있다. 담임목사는 자신의 지위를 이용해, 하나 됨을 파괴한다거나 교역자에게 순종하지 않는다는 혐의를 오히려 씌움으로써 불일치를 방관하고픈 유혹을 받을 수 있다. 하지만 교회가 깨어서 담임목사와 관련된 갈등을 처리하기 위해 적절한 절차를 설립한다면 화해의 소망은 있다.

앞으로 나아갈 길

담임목사 또는 다른 지도자와 생긴 갈등에 대처하는 첫 번째 방법은 겸손과 회개를 구하며 기도하는 일이다. 또한 대부분의 경우 불일치를 해결하려고 계획을 세우기에 앞서 신뢰할 만한 다른 분의 의견을 구하는 것이 현명하다. 당신이 잘못 이해했을 수도 있는 가능성, 다른 장로가 옳고 당신의 생각을 조정할 필요가 있을 수도 있는 가능성에 언제나 열려 있어야 한다.

마태복음 7장 3절에서 예수님은 다음과 같이 질문하시며 우리에게 도전하신다. "어찌하여 형제의 눈 속에 있는 티는 보고 네 눈 속에 있는 들보는 깨닫지 못하느냐?" 때로 우리의 열망이나 기대가 우리를 좌지우지하기 때문에 우리 눈에 있는 들보를 깨닫지 못한다. 그러면서 다른 사람의 눈에 있는 티를 빼내려고 열심히 바람을 분다.

그러므로 기도하는 마음으로 당신을 점검하고, 개인적으로 담임목사를 찾아가라. 우선 당신이 전체 상황을 못 볼 수도 있음을 기억하면서 속는 셈 치라. 목사님의 설명을 참을성 있게 들으라. 불일치가 일어난 점에 대한 목사님의 이해 방식을 여전히 동의하지 못할 수도 있다. 만약 그러하고, 그러한 불일치가 신앙의 핵심 요소는 아니라면, 당신이 대상을 다르게 보고 있음을 겸손히 받아들이고 당신과 일치하지 않는 점은 혼자만 간직하겠다고 결심하라.

다른 교직원이나 성도와 대화를 나누는데 분열적이고 해로운 뒷담화가 나온다면, 그 뒤에 숨어 있는 위험을 항상 의식하라. 불화가 일어났을 때 당신에게 죄가 있다면 빠르고 겸손하게 모두 고백하고 회개하라. 공적으로든 사적으로든, 당신이 할 수 있는 모든 방식으로 당신의 목사에게 경의를 갖출 방법을 찾으라. 아홉 번째 계명은 당신이 가능한 한 모든 방법을 동원해 다른 이들에게 그분의 명성을 옹호해야 한다고 말한다.

마태복음 18장에 나오는 절차는, 갈등이 나타났을 때 그 여파를 가능한 한 오랫동안 최대한 작게 유지하면서 해결하는 것이 목표인 듯 보인다. 이 과정에서 갈등이 초기에 해결될 수 있다면 더 이상 그 문제를 공적으로 가져갈 필요는 없다.

하지만 불일치와 죄악된 행실을 공적으로 드러내야 하는 경우가 있다. 예를 들어 교회 지도자가 법에 어긋난 일을 하고 있다면 그것을 밝혀 행정당국이 관여하게 해야 한다. 목회자는 모든 상황에서 적절한 법률적, 윤리적 요건을 고수하며 목회해야 한다.

결론

경험에서 배운 최고의 법칙이 있다. 모든 상황에서 당신이 사랑받고 싶은 것만큼 당신의 목사를 사랑하고 있는지 자신에게 묻는 것이다. 불일치를 다루는 모든 단계에서 당신이 고쳐야 할 점이 드러난다면, 다른 교회 직원들이 당신을 어떻게 대하기를 바라는지 스스로 물으라. 그 교회에서 당신의 경험, 재임 기간, 위치를 고려하는 것도 도움이 된다. 신학교는 당신이 갈등 해결에 관한 성경의 진리를 이해하고 적용하도록 준비시켜 줄 수는 있지만, 당신이 하나님을 경외하는 방식으로 반응할 수 있도록 개인적으로 준비시키지는 못한다. 특히 당신의 감정이 자극받았을 때는 더욱 그러하다. 많은 경우, 관계에서 생긴 갈등을 인내하며 반성하는 일은 지혜를 벼리는 용광로 역할을 한다. 보통 담임목사와의 불화에 경험 많은 부목사가 대처하는 방식과 스물한 살의 교회학교 전도사가 대처하는 방식에는 큰 차이가 있다.

담임목사와 너무나 심각하게 뜻이 달라서, 또는 너무나 중대한 문제에 관한 불일치 때문에 마음을 다해 담임목사의 지도에 순종하기 어려운 경우도 드물게 있다. 그렇다면 담임목사와 당신의 뜻을 논의하고 떠나는 것이 최선이다.

내 경우에도 그렇게 했을 때 나의 사역과 성숙에 좋은 결과가 있었다. 얼마 전에는 교회에서 내가 맡았던 사역의 자리를 떠날 시간이 되었음을 깨닫게 해 주신 담임목사님께 감사 인사를 드릴 수 있었다. 당시에는 떠나는 것이 고통스러웠고 이유를 완벽하게 이해하지는 못했다. 하지만 돌이켜 보면 그것이 내게 선이었고, 교회에도 선이었음을 본다. 그 과정에서 우리의 연약함이 없었다면 존재하지 않았을 관계가 생겼다.

사랑과 신뢰라는 맥락 속에서는, 갈등을 해결하기 위해 스스로 연약해지기로 작정한다면 문제의 핵심에 바로 도달할 수 있다. 또 그렇게 하면 갈등을 초래한 근본적인 동기들이 명확하게 밝혀지기 때문에 다른 이유가 있지는 않은지 상상할 필요가 없어진다. 갈등 중에 두 사람이 서로에게 기꺼이 약해지기로 한다면, 그들은 은혜를 통해 서로를 향해 더욱 나아갈 수 있고 그렇게 함으로써 복음의 능력을 드러낸다.

어떤 의미에서 성경의 구속사는 갈등과 해결의 역사다. 세상이 지금까지 알던 최대의 갈등은 십자가에서 해결되었다. 갈보리에서 하나님은 자비와 은혜로 우리를 향해 오셔서 우리의 죄와 그분의 거룩하심 사이에 있는 갈등을 해결하셨다. 마태가 보여 주듯, 갈등 해결의 목표는 회복이다. 하나님께 구속받고 하나님께로 회복된 사람은 갈등을 해결하고 다른 사람과 회복을 추구함으로써 복음의 능력을 반드시 보여야 한다.

복음의 소망이란 하나님이 사람 사이의 갈등을 포함한 우리의 모든 어려움을 선한 목적을 위해 구속하실 수 있다는 것이다. 우리 앞에 무엇이 기다리고 있든지, 피조세계에 존재하는 그 무엇도 당신을 그리스도 안에 있는 당신을 향한 사랑에서 끊어 낼 수 없다는 사실을 알라(롬 8:31-39). 당신이 지혜와 은혜로 앞으로 나아갈 때 이 진리가 당신의 영혼에 닻을 내리게 하라.

6.
지도자들을 어떻게 지도할까

후안 샌체즈
하이포인트 침례교회 담임목사

"우리 교회의 목사님이 되시는 데 가장 걱정되는 점은 무엇입니까?" 목회자를 구하는 교회의 장로들을 만났을 때 가장 처음 들은 질문이었다. 정당한 질문이었다. 이전 목사는 교회의 징계를 받고 계셨다. 장로들도 장로 됨의 의미를 배우고 있었다. 교인 명부에는 약 천오백 명이 있지만 주일 아침 출석 인원은 삼백오십 명으로까지 줄어들어 있었다. 여기에 감당할 수 없을 정도로 큰 빚도 더해졌다. 걱정이야 많았지만, 다음보다 더한 걱정이 있을까? 나는 망설임 없이 답했다. "리더십입니다."

우리 주 예수님은 자신의 사명을 위해 자신의 교회를 세우신다(엡 4:11-16). 그리고 지도자들에게 명령하시고, 장로들을 부르셔서 자신이 돌아올 때까지 자기 양 떼를 돌보라고 하신다(벧전 5:1-5). 이러한 지도자들은 교회의 사명에 필수적인 존재다. 만약 교회의 장로들이 한뜻과 한마음을 품고 한목소리를 낸다면, 어떤 갈등과 위기도 하나님의 은혜로 견뎌 낼 수 있을 것이다. 하지만 장로들이 분열된다면 교회 일들이 아무리 잘 돌아가는 것처럼 보일지라도 의미가 없다. 지도자들은 결국 갈등을 초래할 것이고, 아마도 이미 약해진 교회를 파괴하고 말 것이다.

슬프게도 나는 신학교에서 이러한 가르침을 받지 못했다. 그 교회에서도 지도자들이 하나가 되어 발휘하는 리더십이 얼마나 중요한지, 그리고 다른 지도자들을 인도하는 일이 얼마나 중요한지 알려 주지 않았다. 그래서 나는 힘든 상황을 겪었다. 결과적으로 장로들이 내게 그 질문을 했을 때 나의 주된 염려는 리더십이었다. 그리고 리더십은 지금도 여전히 나의 주된 걱정거리로 남아 있다. 나는 신학교 시절 이래로 교회와 지도자들을 잘 인도하려면 우선 리더십에 대해 성경적 이해를 갖추어야 한다고 배웠다. 그렇다면 나는 내 주위에 있는 이들을 위해 성경적 리더십의 모범을 제시할 뿐만 아니라, 교회에 있는 다른 이들도 그러한 리더십을 발휘하기를 기대해야 한다.

성경적 리더십 정의하기

성경적 리더십에 대한 이해가 없다면, 우리는 아마도 사람에 대한 두려움과 수동성 때문에 권위에 굴복하여 우리가 보호해야 하는 사람들에게 오히려 해를 끼치게 될 것이다. 아니면 다른 사람을 조작하거나 압제하는 방식으로 우리의 권위를 오용함으로써 우리 자신을 섬기게 될 것이다. 이러한 리더십의 왜곡은 아담이 수동성을 받아들이고 하와를 유혹에서 멀어지도록 이끌지 못하면서 분명하게 드러났다(창 3:6). 그리고 하와는 타락의 결과로 아담의 리더십을 열망하게 되었는데, 아담은 이에 대한 반응으로 오히려 하와를 압제하게 되는 저주를 받은 것이 확실하다(창 3:16).

성경은 그 전체가 경건한 리더십과 왜곡된 리더십 사이의 지속적인 투쟁을 묘사한다. 남성과 여성의 결혼 관계에서도 그렇다. 그리고 우리가 성경적 리더십을 반영하도록 부름받은 교회에서도 그러하다(딤전 2:11-15). 그렇다면 성경적 리더십은 어떤 모습으로 나타나는가? 성경적 리더십을 어떻게 정의할 수 있을 것인가?

나는 복음주의 지도자들이 대부분 존 맥스웰(John Maxwell)이 정의한 리더십, 즉 '영향력'에 익숙해진 것은 아닌지 의심이 든다. 리더십 전문가 데이비드 버커스(David Burkus)는 기고문 "맥스웰의 오류: 리더십에는 영향력 훨씬 이상의 것이 있다"(The Maxwell Fallacy: There's More to Leadership Than Influence)에서 이 지나치게 단순화된 정의를 문제

삼고 나선다. 왜냐하면 강압, 조작 또는 위협을 통한 영향력도 괜찮다는 여지를 주기 때문이다. 이는 성경적 리더십이 아니다. 버커스는 "리더십이란 다른 사람에게 영향력을 미쳐 상호 열망하는 비전을 향해 일하도록 만드는 과정"[7]이라고 제안한다.

이렇게 명료화하는 작업은 도움이 된다. 감사하게도 우리가 공유하는 비전은 성경에 잘 설명되어 있다. 교회로서 우리는 "측량할 수 없는 그리스도의 풍성함"을 선포하고, 만물을 다스리는 주님이신 그리스도를 높이시려는 하나님의 영원한 계획을 "드러내"어, 세상 주관자들에게 하나님의 다면적인 지혜를 나타내야 한다(엡 3:8-10). 하지만 질문은 여전히 남아 있다. 우리는 어떻게 교회와 교회 지도자들에게 영향을 끼쳐야 하는가? 어떻게 해야 복음을 선포하고, 사람들에게 회개하고 믿으라고 촉구하고, 왕이신 예수님께 순종하며 살라고 하면서 하나님의 지혜를 드러낼 수 있는가?

신뢰성

나는 성경적 리더십의 요소 중에 종종 간과되는 것이 신뢰성임을 깨닫게 되었다. 우리가 **성품**(딤전 3장; 딛 1장)을 강조하는 것은 정

---

[7] David Barkus, "The Maxwell Fallacy: There's More to Leadership Than Influence," *Change This*, March 9, 2011, http://changethis.com/manifesto/show/80.05.MaxwellFallacy.

당하다. **실력**(가르칠 수 있는 능력)을 강조하는 것도 정당하다. **보살핌**
(벧전 5장)을 기대하는 것도 정당하다. 하지만 우리는 종종 성품, 실
력, 보살핌이 드러날 정도로 신뢰성을 확립하기까지는 오랜 시간
이 걸린다는 점을 생각하지 못한다. 마이크 에이어스(Mike Ayers)는
"힘을 지닌 청지기직"(The Stewardship of Power)에서 신뢰성이란 "해당
리더가 영향력을 발휘할 수 있다는 도덕적 승낙"[8]이라고 정의한
다. 이러한 신뢰성은 모든 지도자에게 요구된다. 그렇다면 당신은
당신이 이끄는 사람들에게 어떻게 신뢰성을 쌓을 것인가?

예수님은 사명을 위해 자기 교회를 조직하실 때(엡 4:11-16), 말씀
사역의 우선성을 강조하셨다. 바울은 교회 내에서 리더십 문제를
다룰 때, 은사에 앞서 성품을 강조했다(딤전 3:1-8; 딛 1:5-8). 베드로
는 교회 지도자의 역할을 묘사할 때, 강요가 아닌 사랑으로 회중을
보살피는 일이 중요하다고 강조했다.

리더십에 대한 성경의 설명과 지도자의 자질에 대한 전반적인
설명을 고려할 때, 리더십에 대한 성경적 이해가 드러난다. 성경적
지도자는 경건한 **성품**을 지닌 사람으로서 하나님의 말씀을 다루는
데 충분한 **실력**이 있고, 그들에게 맡겨진 하나님의 양 떼를 사랑으
로 **보살피는** 자들이다. 시간이 흐를수록 지도자 후보들에게 성경
적인 성품, 신실한 능력, 사랑의 보살핌이 나타난다면, 그는 회중

---

[8] Mike Ayers, "The Stewardship of Power," *For the Church*, May 23, 2016, http://ftc.co/resource-library/blog-entries/the-stewardship-of-power.

에게 **신뢰성**을 쌓고 그들이 따르고 싶은 사람이 될 것이다.

그렇다면 성경적 리더십을 다음과 같이 생각하자.

$$\frac{성품 + 실력 + 보살핌}{시간} = 신뢰성$$

토대를 놓다

내가 텍사스주 오스틴의 하이포인트 침례교회에 왔을 때 교회와 지도자들은 우선 나를 믿고 기다려 주기로 했다. 물론 그분들은 내 범죄 이력과 재정 상태를 살폈고 개인 추천서를 요구했으며 자격 인증서들을 검토했다. 그리고 그 자료들을 신뢰했다. 하지만 시간이 흐름에 따라 나는 내가 그들이 나라고 믿었던 그 사람임을 입증해야 했다. 그분들도 내가 경건한 성품의 사람인지 확인해야 했고, 내게 가르칠 충분한 실력이 있는지 확인해야 했고, 교회를 신실하게 목양할 정도로 배려심 있는 사람인지 확인해야 했다. 이러한 관찰에는 시간이 걸린다.

하지만 목사에게는 교회에서 즉시 적절한 리더십의 기초를 세울 수 있는 무언가가 있다. 즉, 연속 강해설교. 성경의 권위는 파생된 권위이지, 우리의 성품과 은사와 자격증과 그 밖의 인간적 기원에 내재한 것이 아니다. 따라서 우리가 하나님의 말씀을 신실하게 다루는 모습을 본으로 보일 때 성경에 대한 청중의 확신이 커지고, 우리가 성경을 다루는 실력이 있음을 점점 확신한다. 매주 신실하게 말씀을 주해하는 일은 성품과 실력과 회중을 돌보는 마음이 어떠한지를 본으로 보이는 것이다. 이는 교회 내에서 리더십의 중요한 토대가 되며, 다른 지도자들의 리더십을 세우는 데도 중요한 토대가 된다.

성경적 리더십 기대하기

우리가 다른 사람을 잘 지도하려면 우리 스스로가 먼저 신뢰할 만한 지도자가 되어야 한다는 점은 당연하다. 교회만 우리를 보는 것이 아니다. 다른 지도자들 역시 우리를 지켜보고 있다. 하지만 우리는 곧 다른 이들도 성경적인 리더십을 발휘하고 실천하기를 바라야 한다. 신학교 이후 나는 다른 지도자들을 지도하는 데 도움이 되는 세 가지 중요한 교훈을 배웠다.

1. 성경적 지도자를 정의하고 초대하라

우리 지역에서 아주 존경받는 교회 개척자 한 분에게 그분이 초기에 했던 실수들이 있는지, 있다면 어떻게 다르게 하고 싶은지 여쬈던 기억이 난다. 그분은 망설임 없이 말했다. "저는 새로운 장로 님들을 천천히 합류시킬 것 같습니다." 지도자의 짐을 나누는 것은 좋은 일이고 건강한 일이다. 하지만 종종 우리는 자격이 되지 않거나 준비되지 않은 사람과 함께하고 싶은 유혹을 받는다.

지도자감을 파악하는 일은 천천히 해도 괜찮다(딤전 5:22). 자격이 되지 않거나, 실력이 없거나, 다른 사람을 보살피지 않는 지도자를 제거하는 편보다는 새로운 지도자를 천천히 모시는 편이 낫다. 사실 자격이 되지 않은 사람들을 인도하기가 가장 어렵고, 문제를 일으킬 공산도 크다.

앞선 교회에서 교인 전체 회의를 어렵게 진행했던 기억이 있다. 마태복음 18장과 고린도전서 5장 내용을 들어 교회 징계 절차에 관한 설명을 막 마친 참이었다. 우리는 이미 교회의 한 지도자에게 이 가르침을 관철하기로 했다. 그런데 내가 교회 징계의 중요성과 필요성에 대한 설명을 마치자마자 한 집사가 일어나 말했다. "지금 하신 말씀이 무슨 소리인지 잘 모르겠네요. 다만 제가 느끼는 바는 이렇습니다."

느낀다고? 그렇다, 그는 분명히 "느낀다"고 말했다! 그 형제는 이 가르침을 이미 들어 알고 있었지만, 공개적인 회의에서 사람에 대한 두려움에 압도된 나머지 굴복해 버린 것이다. 그는 회중에 관심이 없음을 입증했다. 그는 오직 자신만 신경 쓰는 사람이었다.

당신은 누군가를 교회 지도자로 세우기 전에 바로 이런 점을 알

아내고 싶을 것이다. 경건하고, 성경적으로 자격이 되는 지도자를 찾아낼 수 있도록 성경이 말하는 건강한 과정을 반드시 거치라. 그런 후 당신 옆에서 섬겨 달라고 청하라.

하이포인트 교회에서 우리는 경건한 성품을 갖추고 신실하게 회중을 사랑할 사람을 꾸준히 찾고 있다. 우리는 그분들이 믿지 않는 분들에게 정기적으로 복음을 전하고 부지런히 다른 사람을 훈련하기를 바란다. 우리는 그분들이 신실하게 회중의 삶에 개입하기를 기대한다. 우리는 그분들이 교회에서 공식적으로 지도자로 인정받든 그렇지 않든 그 모든 일을 하기를 바란다. 그런 분들이 우리 레이더에 포착되면 우리는 공적으로 가르칠 기회를 제공한다. 그리고 가르치는 능력을 관찰하고 평가한다. 장로 모임에서는 장로가 될 가능성이 있는 그런 분들의 목록을 살핀다. 그리고 미래 장로를 임명할 때 지혜를 달라고 하나님께 기도한다.

한 형제의 이름이 우리 대부분 또는 모두의 목록에 오르면 장로로 섬기는 일에 관심이 있는지 묻는다. 관심을 보이면 장로 직분에 대해 성경이 말하는 자격에 관한 질문지를 작성하도록 한다. 장로들은 질문지를 검토하고, 합의가 되면 더욱 철저한 인터뷰에 초대한다. 모든 참가자가 계속하기로 합의가 되면, 우리는 그 대상자를 장로 회의에 함께하도록 초대한다. 그런 후 그에게 멘토 역할을 할 장로 한 명을 선택하라고 요청한다. 우리가 함께 시간을 보내는 동안 지원자는 우리가 회중을 어떻게 돌보는지만 관찰하는 것이 아니다. 장로들의 성품, 능력, 보살핌을 관찰한다.

당신은 이 모든 과정이 지도자들을 지도하는 일과 어떤 관계가 있는지 궁금할 것이다. 다음과 같이 생각해 보라. 성경적으로 자격이 되고, 생각과 마음과 말이 일치하는 사람이 그렇지 않은 사람보다 지도하기 수월하다. 하이포인트 교회에서 장로 장립 절차는 비성경적인 리더십으로부터 회중을 보호하는 예비 수단이다. 우리가 그리스도를 사랑하고, 복음을 사랑하고, 교회를 사랑하는 신실한 사람을 찾기 위해 애쓸 때, 교회의 선을 위해 언제 이끌고 언제 따라야 할지를 아는 리더십을 구성할 가능성이 더 높다. 증거가 없으면 누구도 성경적 리더십에 부합한다고 가정하지 말라. 후회하게 될 것이다.

그리고 당신이 누군가를 어느 위치에 두었다고 해서 그에게서 성경적 리더십이 갑자기 나타날 것이라고도 상상하지 말라. 교회의 지도자로 함께할 형제들을 먼저 규정하고 그런 형제들을 초대함으로써 성경적 리더십이 처음부터 드러나기를 기대하라.

2. 지도자들을 준비시키고 권한을 부여하라

다른 지도자들을 실망시키고, 교회에 갈등을 일으키기를 바라는가? 사람을 지도자의 위치에 올려놓고는 준비도 시키지 않고, 권한도 부여하지 않으면 그렇게 된다. 때로 권위주의적 지도자들은 그들 옆에서 도울 준비가 된 다른 지도자들을 잘 파악한다. 하지만 그들은 그저 목사가 원하는 것을 자동으로 인가해 주는 사람처럼 여긴다. 이런 구성원들은 그저 명목상 장로다. 진정한 지도자들은 그런 환경에 오래 있지 못한다. 우리는 때로 목회자가 선의로 한 일 때문에 다른 지도자들이 좌절한다는 점을 깨달아야 한다. 이는 목사가 특정 직무를 맡은 사람들보다 일을 더 **빠르고** 더 잘 한다는 교만한 생각에서 시작된다. 다른 지도자들을 준비시키고 사역에 맞도록 그들에게 권한을 부여하는 일에 시간을 들이는 대신, 우리 스스로 사역들을 해치운다. 하지만 지도자들이 임무를 완수할 것이라고 신뢰하지 못한다면, 왜 애초에 그들을 불러 지도자가 되어 달라고 한 것인가?

우리는 장기적인 안목에서 리더십을 바라볼 필요가 있다. 우리는 우리가 없는 미래를 위해 지도자들을 기르고 준비시킨다. 따라서 아직 우리에게 그들의 리더십을 격려하고 세울 수 있는 능력이 있는 지금 당장 그들이 리더십을 발휘할 수 있도록 준비시키고 권한을 부여해야 한다.

준비는 항상 계속되어야 한다. 하이포인트 교회에서 우리는 끊임없이 함께 책을 읽고, 다 같이 대화하고 기도하고 훈련한다. 하지만 당신은 지도자들을 훈련하고 준비시키는 것 이상의 일을 해야 한다. 어느 지점에 가서 당신은 그들이 이끌도록 해야 하고, 실패할 수 있는 여지도 줘야 한다.

지도자들에게 권한을 부여하는 일은 그들이 의사 결정 과정에 완전히 참여할 수 있도록 격려하는 일에서 시작한다. 우리는 대화 중에 모든 장로가 제한 없이 질문하고, 제안할 수 있게 했다. 분명히 합의됐으면 다음으로 넘어갔고, 그렇지 않으면 투표했다. 내가 소수의 편에 있어도 다수결 원칙을 고수했다.

또 우리는 지도자들이 각자 은사가 있고 강점을 발휘할 수 있는 영역에서 인도할 수 있도록 격려했다. 나는 공적으로 설교 사역을 하기에 회중은 내가 교회의 주된 지도자라고 생각한다. 따라서 우리 교회의 여러 지도자를 회중에게 계속 알리는 일은 나에게 달려 있다. 다른 지도자들이 교회를 잘 인도하고 있음을 인정하고, 알아주고, 영광을 돌리는 일은 나에게 달려 있다. 장로들이 사적으로 또는 공개적으로 교회를 이끌도록 하는 일도 나에게 달려 있다. 우리 장로 회의는 내가 아닌 회장이 인도한다. 또 모든 모임은 내가 아닌 회장 또는 부회장이 관리한다. 예배 기도는 교역자 중 한 사람이 하고, 주일 저녁 설교는 거의 내가 하지 않고 장로님 또는 교역자가 한다. 좋은 지도자는 공로는 취하지 않고 책임만 취한다. 나는 다른 지도자들이 각자의 은사와 강점에 따라 인도할 수 있도록 훈련하고 권한을 부여하는 일을 배우고 있다.

3. 성경적 리더십을 평가하라

아마 내가 다른 사람을 지도하는 법을 배운 가장 결정적인 방식은 평가를 통한 것일 터이다. 적절한 평가가 가능하기 위해서는 겸손하게 건설적인 비판을 하고 건강하게 격려하며, 또 감사하는 마음으로 그것을 받아들이는 문화가 필요하다.

지도자로서 건설적인 비판과 건강한 격려의 모범을 보여야 하기에, 나 역시 다른 지도자들에게 평가를 받음으로써 그러한 분위기를 세우고 가꿔야 할 책임을 진다. 우리 목회자들에게는 매주 예배 검토 시간에 그런 평가가 이뤄진다. 우리는 보통 월요일 저녁 카페에서 만나 주일 전체를 돌아본다. 내 설교도 포함해서 말이다. 이 과정은 내가 설교자로 성장하는 데 큰 도움이 되었을 뿐 아니라, 내게 질문하고 나를 비판해도 안전하다는 사실을 다른 지도자들에게 전하는 역할도 한다. 지도자인 나에게, 그리고 우리 팀 전체에 이 시간이 얼마나 소중한지는 아무리 강조해도 지나치지 않다.

우리는 교회로서 하는 모든 일을 평가하기도 한다. 테이블 위에 올리지 못할 것은 없다. 심지어 나의 리더십에 관한 내용도 말이다. 우리 모임에는 장로들에게 하이포인트 교회에서 격려받은 점과 우려되는 점들을 나누는 기회를 드리는 시간도 있다. 이러한 대화를 통해 우리는 함께 사역을 평가하고 서로에게 질문을 던진다.

교역자들과 장로들이 공식적인 평가를 위해 함께 모이는 때도 있다. 우리는 성품, 실력, 회중을 향한 보살핌을 평가한다. 이러한 평가를 받는 것이 목회 사역을 꿈꾸는 젊은이들에게 특히 중요하다. 이렇게 해야 그들은 겸손한 마음으로 정직한 비판과 건강한 격려를 받을 수 있다. 그러한 비판과 격려를 겸손하게 받아들이지 못한다면, 목회 사역에 준비가 되지 않았거나 어쩌면 목회직에 자격이 없는 것일 수 있다.

지역 교회라는 신학교

나는 신학교에서 보낸 시간에 대해 하나님께 감사한다. 그러나 신학교는 모든 것을 가르치도록 고안되지 않았고, 지역 교회만이 가르칠 수 있는 것들이 분명 존재한다. 목회 사역을 삼십 년 하고 보니 지역 교회라는 '신학교'에서 참 많은 것을 배웠다. 그렇게 얻은 교훈 중 대부분은 나의 젊음과 조급함, 완고함의 결과였다.

나와 우리 가족을 돌봐 주고 젊은 시절의 실수들을 너그럽게 용서해 준 사랑 많은 교인들에게 감사한다. 내가 교회에서 배운 가장 중요한 교훈은 리더십의 중요성이다. 내가 다른 사람을 잘 인도하려면 나 스스로가 리더십에 대한 성경적 이해를 갖추어야 하고, 성경적 리더십의 적절한 기초를 쌓기 위해 열심히 노력해야 한다. 하지만 그것으로는 부족하다. 어느 시점에서, 나는 내 주위 사람들이 성경적 리더십을 발휘하기를 바라야 한다.

7.
자녀가 교회를 사랑하도록 양육하는 법

맷 맥컬러
트리니티 교회 목사

나는 금요일이면 대부분 어린 아들들과 동네에서 쉽게 운전해 갈 수 있는 주립 공원에서 하이킹을 한다. 우리가 좋아하는 장소 중에는 하페스 협로가 있다. 이름에서 추측할 수 있듯이 이 공원의 정수는 하페스강이 거의 원을 이룰 정도로 굽이쳐 물길이 서로 닿을 정도로 가까워지면서 생긴, 물길이 양쪽에서 깎아 내며 만든 좁은 길이다. 수천 년 동안 양쪽 물길은 한때 언덕이었던 곳을 침식하여 절벽을 만들었는데, 그 위에 서면 하페스강이 양쪽에서 어떻게 흘러 나가는지 내려다볼 수 있다.

실제로 한쪽 절벽에서 다른 절벽까지 거리를 측정한 적은 없지만, 어떤 지점은 길 폭이 4.5-6미터 정도도 되지 않아 보인다. 그 양쪽 바깥으로는 완전히 돌로 된 수십 미터 낭떠러지다. 위험천만한 길이다. 주의를 기울여 가운데를 걸어야 한다. 한쪽의 위협을 벗어나기 위해 한 걸음을 옮긴다면 다른 쪽의 위협에 한 걸음 가까워진다.

한 교회의 목회자로서 걷는 길이 그와 같지 않은가 상상해 본다. 사랑하는 자녀들의 부모로서 걷는 길도 그러한 것 같다. 나는 자녀들이 스스로 교회를 사랑하기를 간절히 바란다. 자녀들이 교회를 사랑하게 하는 일이라면 무엇이든 하고 싶다. 하지만 내가 보기에 그 길은 양편에 위험한 절벽이 있는 길이다.

두 절벽, 두 위험

나는 비유로 든 이 두 가지 절벽을 설명하고, 어떻게 그 절벽을 피할지 몇 가지 실질적인 조언을 제공하려고 한다. 하지만 우선 내가 어떻게 이 이야기를 하게 됐는지부터 시작하겠다.

2010년 아내와 나는 우리 교회를 개척하던 해에 첫 자녀를 얻었다. 대략 목회자가 된 기간과 부모가 된 기간이 같다. 그리고 그렇게 길지도 않다. 하지만 목회자 가정은 삶에 제약이 있다는 말이 그저 오래된 상투어가 아니라는 사실을 깨닫는 데, 혹은 목회자 자녀는 말썽꾸러기라는 말이 실없는 고정관념은 아니라는 사실을 인식하는 데 오랜 시간이 걸리지 않았다. 이어지는 내용에서는 내가 이미 자녀들에게 그렇게 했다기보다는 내가 자녀들에게 하길 바라는 모습들을 그려 보려고 한다.

그렇긴 해도, 나 역시 또 다른 경험에서 글을 쓰고 있다. 목회자로서의 경험이 아니라 목회자의 자녀로서 엄격하게 자란 경험에서 스스로 배운 가르침이 있기 때문이다. 나는 목회자 가정에서 자랐다. 그리고 나는 지금 교회에 생명을 바쳤는데, 그 이유는 내가 아버지의 사역 아래에서 교회를 사랑하게 됐기 때문이다. 내가 아래에 제시할 조언들은 아버지가 본을 보이시고 내 삶에 나타난 열매들로부터 나온 것이다.

이제 다시 절벽으로 돌아가 보자. 한편으로 우리는 지역 교회를 개인적인 삶과 완전히 구별하여 일처럼 대하는 것을 피해야 한다. 교회를 목회한다는 것은 수입을 얻는 방법 훨씬 이상을 의미한다. 만약 우리 자녀가 교회를 사랑하길 바란다면 우리는 그들에게 우리가 먼저 교회를 사랑함을 보여야 한다. 즉, 교회는 우리의 모든 삶을 투자할 만한 가치가 있다고 믿는 모습을 보여 주어야 한다.

하지만 다른 편에서 우리는 사역의 부담감이 우리 가족이 누려야 할 시간과 관심을 침해하는 일도 피해야 한다. 달리 말해 교회로부터 자녀와 우리의 관계를 보호함으로써 자녀를 도울 수 있다.

즉, 교회를 사랑하기 어렵게 만드는 불필요한 장애물들을 제거하는 것이다.

1. 자녀에게 우리가 교회를 사랑함을 보여야 한다

성경은 지역 교회를 하나님이 세상에서 하시는 사역의 엔진으로 묘사한다. 교회는 모든 삶에서 하나님을 왕으로 높이고 섬기길 원하는 자들의 왕국이다(마 16, 18, 28장). 교회는 하나님께 입양된 자들로서 하나님의 사랑으로 서로 묶인 가족이다(엡 12장). 모든 사람이 지체가 되어 이루는 한 몸이다(고전 12장). 교회는 당신이 필요할 때 찾으면 언제든지 거기 있는, 당신이 가입한 구독 서비스 같은 것이 아니다. 지역 교회와 우리의 연결은 임의적이거나 선택적이지 않다. 그 관계는 근본적이고, 삶을 구성하며, 모든 것을 포괄한다.

우리는 성경에서 이러한 진리들을 자녀에게 가르쳐야 한다. 하지만 그것만큼 중요한 점은 우리가 자녀에게 어떻게 보이느냐이다. 누구도 자녀만큼 교회에 대한 우리의 말과 태도가 얼마나 부합하는지 잘 보지는 못할 것이다. 자녀가 우리가 실제로 교회를 사랑하는 모습을 잘 못 본다면 자녀에게 교회를 사랑하라고 가르칠 수 없다.

어쩌면 교회에 대한 우리의 사랑을 입증하기 위해 할 수 있는 가장 중요한 일은, 출세 제일주의를 완전히 십자가에 못 박아 죽이는 것이다. 지역 교회는 당신에게 직업을 제공하기 위해 존재하지 않는다. 교회는 누구의 고용주도 아니다. 교회는 우리 중 그 누구보다도, 우리가 달성할 수 있는 무엇보다도 훨씬 크다. 지역 교회는 당신이 일하러 가는 장소이기 전에, 반드시 당신의 삶을 나눌 수 있는 곳, 당신이 소속된 곳이 되어야 한다.

우리가 교회를 마치 거대한 TV와 침대방이 다섯 개 있는 저택이나 최고급 승용차처럼, 우리 삶에 가치를 주고 우리의 필요를 만족시키고 우리의 야망을 채우는 공산품처럼 대한다면, 우리는 교회를 다른 곳에 있는 선택지와 대조해서 평가하게 된다. 우리는 제삼자처럼 관망하기 위해 어느 정도 거리를 둘 것이다. 아니면 교회를 현미경 아래에 두고 모든 흠집을 분명하게 확인한 뒤에 다른 교회는 어떻게 다른지 궁금해할 것이다.

우리 자녀는 우리에게서 본을 받는다. 우리가 출세 제일주의의 역한 냄새를 조금이라도 풍긴다면 그들은 그 악취를 맡을 것이다. 우리에게 교회가 그저 계속해서 올라가야 할 사다리의 가로대 하나에 불과하다고 느낀다면, 자녀는 뒷걸음치고 말 것이다. 그래서 교회는 가족의 '우리'에게 '그들'에 지나지 않을 것이다. 최악의 경우 자녀는 당신의 직업 때문에 자신이 선택하지도 않은 교회 안에 갇혀 있다고 느낄 것이다. 그리고 잘해 봐야 다른 교회로 옮길 때까지 시간 때우기나 할 것이다. 자녀는 당신의 교회와 자신을 완전히 동일시하지 않을 것이다.

소속감은 아버지가 내게 주신 가장 큰 선물이다. 아버지는 교회 사랑의 본을 보이셨고, 교회 사람들을 우리와 같이 대하셨다. 아버지는 거기에서 태어나지 않은 사람은 이십 년을 넘게 살아도 그곳 출신이 아니라고 하는 지역에서 목회를 계속하셨다. 그곳은 교회의 평균 근속 연수가 몇 년 되지 못하는 곳이었고, 목회자의 가족은 그들이 섬기는 지역과는 전혀 다른 곳에서 살아가는 것이 보통이었다. 하지만 우리 가족은 그렇게 하지 않았다는 점이 신뢰받을 요소였다. 아버지는 절대로 그곳 출신이 아닌 것처럼 굴지 않으셨다. 아버지는 마치 자신의 삶은 이 지역과 이곳 사람이 담기에는 너무나 크다는 듯이 굴며, 외부에서 관찰하는 입장에 머물지 않으셨다. 우리의 삶은 그들의 삶과 완전히 동화되었다.

우리 자녀는 우리가 기쁨과 소망으로 일하는 모습을 봐야 한다. 자녀는 우리가 교회에서 고객을 대하거나, 해야 할 일 목록에 있으니 해치우듯 하지 않고 진정한 상호 우정의 관계를 일구는 모습을 봐야 한다. 자녀들은 우리가 사랑으로 헌신하며 교회의 문제들에 안타까운 마음을 품고 관여하는 모습을 보아야 한다. 절대로 교회가 우리와는 별개인 것처럼 말해서는 안 된다.

그리고 때로 우리의 교회 사랑을 가장 강력하게 보여 주는 방법은 자녀를 목회 사역 현장에 데려오는 것이다. 자녀가 억지로 당신과 있게 하라는 말이 아니다. 그저 자녀가 흥미를 느끼도록 초대하라는 말이다. 어쩌면 행사 준비를 도우면서 즐겁게 섬기는 지도자의 본을 보일 수도 있다. 아니면 상황에 따라서 자녀가 당신이 목회 사역을 어떻게 하는지 관찰하도록 할 수도 있다.

나는 집을 떠나지 못하는 노인분들이 많은 시골 공동체에서 살았다. 이분들을 방문하는 것이 아버지 사역의 큰 부분이었다. 그리고 아버지는 종종 나를 데려가셨다. 아버지는 병원 방문도 자주 하셨는데 대개는 한 시간 이상 떨어진 거리였다. 만약 가도 괜찮은 상황이면 나를 불러서 함께 가셨다. 그렇게 차를 함께 타고 다니며 얻은 것들은, 아버지와 보낸 소중한 시간 그 이상이었다. 물론 그것만으로도 귀중하기는 하지만 말이다. 나는 아버지가 하시는 사역의 엄중함을 보다 가까이에서 본 것이다. 즉, 인생에서 가장 어려운, 또는 가장 힘든 기간을 마주한 사람들과 함께하는 일 말이다. 나는 광범위한 연령대에 걸친, 여러 경험을 하신 분들이 예수님을 믿는 모습을 보았다. 나는 그분들이 자신이 혼자가 아니고, 잊히지 않았다는 사실에 감동받으며, 다른 사람들과 연대하면서 인생의 가장 큰 도전에 직면하는 모습을 보았다. 그리고 아버지가 자기 사람들을 돌보는 일을 얼마나 사랑하시는지도 직접 보았다.

2. 자녀와 우리의 관계를 교회로부터 보호해야 한다

우리가 자녀에게 한 가지 위험, 즉 교회를 그저 고용주로 여기고 교회를 삶의 틀이기보다는 삶의 대용품으로 보는 일에 민감해질수록 다른 위험에 처할 수 있다. 우리는 목회자로서는 말할 것도 없고, 예수님을 따르는 이로서 우리의 삶을 교회 중심으로 세우도록 부름받았다. 하지만 목양해야 한다는 책임이 우리의 삶을 집어삼키도록 허용해서는 안 된다.

목회 사역이 일상생활을 침입하는 것은 어느 정도 불가피하다. 본질적인 핵심 과업은 끝나는 법이 없다. 어느 지점이 되어야 설교가 '충분히' 준비된 것인가? 정말로 준비되었다고 느낀 설교를 해 본 적이 있기는 있는가? 어느 지점에 한 사람이 마침내 완전히 제자가 될 것인가? 당신은 언제 결혼이 위기를 맞을지, 사람들이 위기를 지나가도록 돕는 데 얼마나 걸릴지 알 수 없다. 당신이 사람들에게 베푸는 돌봄의 짐은 언제나 마음에 머문다.

따라서 우리는 사역의 책임감이 가족의 생활 리듬에 끼치는 영향을 막을 수 없다. 또 서서히 음습하는 이러한 책임감을 피할 수도 없다. 바로 이러한 이유 때문에 우리는 교회로부터 자녀와 우리의 관계를 보호하기 위해 모든 것을 해야 한다.

자녀가 교회를 우리의 시간과 애정의 경쟁자로 느낀다면 교회를 사랑하기 어려울 것이다. 따라서 우리는 일상생활에서 자녀가 우선순위라는 점을 반드시 입증해야 한다. 그렇게 하는 목표는 아이들에게 우리가 자녀들과 있을 때보다 더 행복한 시간은 없다는 사실을 확신시켜 주는 것이다. 우리가 언제나 자녀와 함께 있기를 바란다는 사실을 안다면, 자녀는 함께할 수 없는 시간도 더 수월하게 받아들일 것이다.

우리는 교회 생활이 요구하는 것들로부터 자녀를 어떻게 보호할 것인가? 자녀가 교회를 경쟁 상대로 느끼지 않도록 어떻게 가족 문화를 만들어 나갈 것인가? 내게 유용했던 것들을 제안한다.

1. 한 주에 하루를 반드시 빼내어 지키라. 나에게 그날은 금요일이다. 나는 어떻게든 그날 되도록 걱정거리가 없도록 한 주를 꾸리려고 한다. 나는 목요일에는 상담 시간을 무리해서 잡지 않으려고 한다. 그러면 다음 날 힘들 수도 있다는 사실을 알기 때문이다.

목요일 저녁에는 설교 초고를 꼭 완성하려고 한다. 그리고 토요일 저녁에 수정한다. 이런 식으로 하면 금요일에는 설교 압박을 받지 않는다. 그리고 내일 수정할 수 있기에 여유가 있다. 당신에게 맞는 대로 하라. 하지만 요점은 자녀들이 당신을 독차지하리라고 기대할 수 있는 날을 하루 두는 것이다. 나는 자녀에게 이러한 기대가 있으면 오랜 기간 떨어져 있고 주초에 저녁을 함께하지 못해도 불만이 어느 정도 누그러진다는 사실을 알았다.

2. 휴일에는 재미있는 가족 활동을 계획하라. 우리는 이날을 느긋하게 쉬고 회복하는 기회로 생각하려는 욕구와 맞서야 한다. 물론 그런 시간도 필요하지만 말이다. 이날은 자녀와 함께함으로써 일에서 분리되는 기회다. 물론 자녀의 나이대에 따라 나타나는 모습은 다양할 것이다. 우리 아이들은 아직 어리고, 아내가 아이들과 한주 내내 집에 함께 있기 때문에 나는 아이들을 집 밖으로 데리고

나가려고 한다.

아내가 관여하지 않는 이상 나는 그날을 준비할 책임을 진다. 어떤 면에서 아내를 섬기는 좋은 방식이다. 적어도 아내의 책임을 한 가지는 덜어 주거나 아내가 정말 필요로 하는 쉼을 주기 때문이다. 하지만 이것은 우리 아이들에게도 우리가 함께하는 시간이 나의 우선순위임을 이해시키는 것이다. 이날은 내게도 한 주 중 가장 좋은 시간이고, 언제나 기대하는 날이다. 무슨 일이 생겨 이 시간이 지켜지지 않으면 나도 실망한다.

3. 사역이 가족 시간을 침범할 때는 가능한 한 많이, 가능한 한 분명히 소통하라. 우리 사역에서 접하는 많은 부분이 사적인 정보이기 때문에 자녀는 물론 아내와도 나누지 못할 수 있다. 하지만 우리는 가족이 우리가 짓눌려 있다는 **사실**을 알게 할 수 있는 괜찮은 방법들을 찾아야 한다. 가족에게 **이유**는 말할 수 없더라도 말이다. 당신이 침울해 보이거나 당신에게서 거리감이 느껴질 때는 어떤 교인이 어려움에 처했거나, 어떤 교인으로 인해 마음이 상했기 때문임을 몰라 궁금해하지 않도록 하라.

우리에게는 촌각을 다투는 긴급한 일이나 예측할 수 없는 일들도 발생한다. 그것을 완전히 피할 수 없다. 하지만 적어도 자녀에게 우리가 언제 일하는지, 그리고 언제 그들과 함께 있을 수 있는지를 분명히 밝혀야 한다. 만약 밤에 가족끼리 영화를 보는데 급히 이메일이나 문자를 보내야 한다면 무슨 일을 해야 했는지 말하고 즉시 기기를 치워라.

4. 가족 시간에는 다른 일을 동시에 하지 말라. 전자 기기에 대해 말하고 싶다. 우리가 하는 일 중 많은 부분이 생각하고 소통하는 일과 관련되어 있다. 그러기에 전화기나 태블릿의 엄청난 정보로 여러 일을 동시에 하려는 유혹을 억누르기 힘들다. 무엇과 싸워야 할지를 시시각각 선택해야 한다면, 나는 싸움에 너무 많이 지게 될 것이다.

당신에게 적합한 규칙을 찾아라. 정해진 시간에만 이메일을 검토하는 일도 고려할 수 있다. 아이들과 있을 때는 전화기를 치워 놔도 좋다. 내가 어렸을 때 우리 가족은 유선전화기를 뽑아 서랍에 넣어놓기도 했다. 오늘날 고립은 그렇게 간단치가 않지만, 서랍은 지금도 그렇게 나쁜 생각은 아니다.

5. 교회 일정을 가능한 한 단출하게 유지하라. 물론 교회 프로그램에 들어가는 모든 행사를 완전히 통제하지 못할 수 있다. 하지만 가능하다면 일정을 최대한 단출하고 간단하게 유지하라. 당신이 가족과 떨어져야 한다면, 마치 유명 인사처럼 형식적으로 어디엔가 모습을 보여야 하기 때문이 아니도록 하라. 당신은 정말 중요한 문제 때문에 어쩔 수 없이 가족과 떨어져야 한다.

지혜를 구하는 기도

교회를 그저 고용주로 대하는 무심함과 자녀에게 빈틈을 전혀 내주지 않는 몰입 사이의 길을 균형 있게 걷기란 쉬운 일이 아니다. 한쪽 절벽에서 한 걸음 걸어 나오면 다른 쪽 절벽에 한 걸음 가까워진다. 우리는 날마다 지혜가 필요하고, 지금 있는 지혜보다 더 많은 지혜가 필요하다. 우리는 아내가 우리에게서 감지하는 것들을 터놓고 소통해야 한다.

우리는 교회의 동료 장로들과 가까운 친구들에게 우리의 삶을 드러내야 한다. 바른 질문을 던지고 경고 신호를 인식할 줄 아는 경험 많은 목회자들에게 조언을 구해야 한다. 간단히 말해서 우리 자녀가 교회를 사랑하도록 목양하려면, 우리는 반드시 우리를 알고 사랑하며 자신들이 보는 것에 충분히 솔직할 수 있는 사람들과 함께 공동체 안에서 부모 노릇을 하고 목회해야 한다.

그러나 궁극적으로 우리가 자녀들에게 교회 사랑하는 마음을 줄 수는 없다. 여기에는 초자연적인 능력이 필요하다. 당신이 고린도전서의 첫 열두 장에서 바울이 다룬 다양한 형태의 역기능을 잘 안다면, 왜 13장에서 사랑을 그렇게 묘사하는지 이해할 것이다.

지역 교회를 지탱하는 유일한 사랑은 오래 참는 친절한 사랑이다. 쉽게 상처받지 않고 원한을 품지 않으며, 모든 것을 견디고 다른 이의 장점을 믿어 주는 사랑이다. 이러한 사랑은 학습해서 행하는 행동 양식이 아니다. 이것은 하나님이 은혜로 주시는 선물로서, 하나님의 자녀들 마음에 그분의 능력으로 행하시는 기적이다. 이 빛 안에서 자녀가 교회를 사랑하는 모습을 보고 싶다면, 자녀를 위해 반드시 해야 하는 가장 근본적인 일은 그들을 위해 기도하는 것이다.

8.
고난을 겪는 회중을 어떻게 목양할까

존 아누체콰
코너스톤 교회 목사

목회자로 사역한 지 이 년 되었을 때 친한 친구의 아내에게서 전화를 받았다. 나는 절대 그 순간을 잊지 못할 것이다. 그 친구의 동생이 살해당했는데 어떻게 남편에게 알려야 할지 몰라 전화했다는 말이었다. 이전에 느껴 보지 못했던 엄청난 중압감이 어깨를 짓눌렀고, 내가 이런 일에 전혀 준비되지 않았음을 깨달았다.

몇 분 후, 이 소식을 친구에게 전하고는 처음의 중압감은 덜어졌다. 하지만 역기를 모루로 바꾼 셈이랄까. 친구는 주체할 수 없이 울었고, 나는 다시는 그런 고통을 느끼고 싶지 않다고 생각했던 기억이 난다. 시간이 지나면서 이상하게도 그 느낌이 얼마나 무거운 감정이었는지를 잊고 말았다. 내 마음에서 사라져 버린 것이다. 마음 깊숙이 나는 그러한 고통이 다른 사람들을 덮칠 수 있다고 느꼈지만, 나와는 상관없는 일이라 생각했다.

그리고 2015년 4월 14일이 됐다.

애틀랜타에서 코너스톤 교회를 개척하기 두 달도 남지 않은 때였다. 나는 잠시 동네를 벗어나 있었는데, 마침 어머니로부터 동생이 어떤지 확인해 보라는 전화를 받았다. 동생에게 연락이 닿지 않는다는 것이었다. 몇 통의 전화를 돌려 보고 나는 곧 서른두 살의 목사인 내 동생이 죽었다는 사실을 알았다. 인생의 최전성기에 동생은 예기치 않게 차에서 홀로 죽고 말았다. 순식간에 가 버렸다.

부모님과 세 형제자매에게 전화를 돌린 후 고난이 나를 찾아왔다는 현실을 깨달으며 자리에 주저앉았다. 나는 기습공격을 당했고, 감당할 준비가 되어 있지 않았다. 죽음이 삶의 일부라는 사실은 알고 있었다. 하지만 그런 전화를 받는 것은 전혀 다른 일이다. 나는 그전보다 더 아득한 느낌을 받았다. 이때 처음 느낀 감정에 예전의 그 감정이 합세해 더욱 강렬하게 들이닥쳤다.

이 일이 있고 난 후 우리 교회가 문을 열었던 그날, 공동체에 새로운 생명력이 넘쳐 나기를 바란 그날에 아내의 할머니가 돌아가셨다. 그 후 삼 개월 동안 우리 교회에는 고난이 바이러스처럼 퍼져 나갔다. 한 친구가 암으로 자매를 떠나보냈다. 어떤 이는 할머니를 여의었다. 어떤 이는 사촌을, 어떤 이는 가장 친한 친구를 잃었다. 계속, 계속 죽음이 닥쳤다.

특히 우리가 몇 달 전에 세례를 베푼 분의 장례를 치른 일은 우리의 급소를 찔렀다. 다윗이 왜 "사망의 음침한 골짜기"(시 23:4)라고 표현했는지 분명히 깨달아졌다. 죽음은 순식간에 우리를 쏘지만, 우울의 그림자는 불청객처럼 정말 오랫동안 머문다.

준비되지 않았던 어두움

이곳에서 팔 년 동안 목회하면서, 한때는 지독히도 외향적인 긍정주의자였던 나는 이제는 우울증으로 힘들어하는 내향적인 은둔자가 되어 우리 교회가 고난이라는 걷잡을 수 없는 해일과 우울의 먹구름 아래에서 빠져 죽지 않게 하려고 애썼다. 성경 학위를 받았지만, 나는 준비되어 있지 않았다.

내가 준비되어 있지 않은 이유는 다음과 같다. 우리는 타락한 인간으로서 우리에게 절대 일어나지 않을 수도 있는 일들(결혼, 첫째 아이 출산, 진급, 악평 등)은 간절히 또렷하게 보지만, 우리 모두에게 반드시 일어날 수밖에 없는 일인 고통에는 철저히 눈감아 버리기 때문이다. 우리는 좋은 일이 필연이라고 상상하지만, 그러한 필연은 종종 상상할 수 없는 것들이다. 반면에 정말로 필연적인 것이 찾아오면 대처할 준비가 되어 있는가? 그 한가운데서도 교회를 인도할 수 있는가? 만약 신학교가 당신에게 이에 관해 가르치지 않았다면, 이 짧은 장이 입문서 역할을 하기 바란다.

앞으로 하는 말은 어떻게 하면 된다는 식의 방법론은 아니다. 오히려 방법론과는 거리가 먼데, 고난을 직접 당해 보면 고난에 대처하는 방식 같은 것은 존재하지 않기 때문이다. 오히려 실수로부터 많은 것을 배운 한 목회자의 반성에 가깝다고 할 수 있다. 어떤 교훈은 교실에서 얻을 수 있지만, 고난에 반응하는 법은 그렇지 않다. 이 교훈은 호된 시련 가운데서 익히고 또 익히는 것이다. 내가 배운 가장 중요한 점은 고난을 당했다고 당신이 고난에 대해 더 나은 설명을 할 수 있게 되지 않는다는 점이다. 그저 당신은 눈물과 함께 더 너그러워질 뿐이다. 나는 당신이 어려운 시절에 교회를 이끈다는 생각만으로도 마음이 부드러워지고 겸손해지기를 바란다. 이것이야말로 당신의 양 떼를 인도해 죽음의 음침한 골짜기를 지날 때를 위한 최고의 준비다.

고통은 평화를 찾으려는 영혼의 자극제다

앞에서 나열한 나쁜 소식들을 들었을 때, 나는 모두가 하는 대로 했다. 나는 평화를 찾았다. 의도를 품고 그렇게 한 것은 아니다. 당신도 **이제 나는 평화를 찾아야겠어**라고 말하지는 않을 것이다. 그냥 찾게 된다. 당신은 바빠진다. 고통이 완화되기를 기대한다. 그저 편안히 앉아서 받아들일 수는 없다. 당신은 고통을 무시하거나, 고통이 거기에 실재하지 않는 것처럼 행동할 수도 있다. 오락에 빠질 수도 있다. 고통을 잊으려고 무엇이든 할 것이다.

하지만 곧 깨닫게 된다. 쾌락은 쉽게 잊혀도 고통은 사진을 찍은 듯 생생하게 기억난다는 사실을 말이다. 당신은 당신이 서 있던 곳의 냄새와 자질구레한 것들과 두려운 느낌을 기억한다. 당신의 무릎이 얼마나 약한지 느낀다. 어떻게든 떨쳐 버리려 하지만 효과가 없다. 아침이 되면 당신을 떠난 그 사랑하는 이를 한 번만 더 안아 볼 수 있기를 갈망한다. 고통은 여전히 거기에 있다.

고난을 지나면 평안을 갈구하는 사람들에게 더 나은 답을 줄 준비가 된다고 말하고 싶지만, 반드시 그렇지는 않다. 많은 사람이 답을 찾지만, 그들이 가장 필요로 하는 것은 답이 아니다. 답을 얻지 못하더라도 그저 묻기 위해 하나님께 나아가게 되는 편이 하나님 없이 답을 찾는 것보다는 낫다. 다윗이 시편 23편 4절에서 말한 것과 같다.

내가 사망의 음침한 골짜기로 다닐지라도
해를 두려워하지 않을 것은
주께서 나와 함께 하심이라

진정한 평화(또는 고통에 대한 정답)는 고통의 부재에서 찾을 수 없다. 진정한 평화는 하나님의 임재에서 찾을 수 있다. 성경에서 평화는 언제나 **왜**가 아닌 **누구**에게서 온다.

나는 앞에서 고난이 당신에게 반드시 더 나은 설명을 제공하지는 않지만, 눈물로써 당신을 더 너그럽게 만든다고 말했다. 이는 독특한 관점을 제공한다. 엘살바도르의 주교 오스카 로메로(Oscar Romero)가 이렇게 말했다고 한다. "울었던 눈을 통해서만 보이는 것들이 많다." 이 말은 목회자에게 두 배로 진실이다. 고난은 어렵지만 필요하다. 우리는 사람들을 **정답**으로 인도하는 것 이상으로, 고난받는 이들에게 위대한 위로자에게 **접근**할 수 있다는 점을 상기시켜야 한다. 고통의 목적은 우리를 한 분에게 인도하는 것이다.

내가 우리 교회 회중을 도울 때 하나님은 사망의 음침한 골짜기에서 그들을 목양하는 네 가지 가르침을 주셨다.

1. 고통이 앞에 있다고 경고하라

여기서 내 목표는 슬픔을 자아내려는 것이 아니라 평정심을 지키도록 하는 것이다. 고난 가운데서 교회를 인도하는 데 가장 큰 장애물은 앞으로 가야 할 과정에 대한 무지가 아니다. 보통은 고난에 대한 평정심의 부족이다.

2015년 1월, 우리는 코너스톤 교회의 창립 교인이 되고자 하는 약 삼십 명의 사람과 함께 앉았다. 우리의 비전을 그들에게 불어넣으려는 소망으로 (교회 개척자들에게 표준적인 관례인) 핵심 가치를 만드는 작업을 하고 있었다. 나는 지속성을 가르치는 임무를 맡았다. 나는 알 수 없는 미래, 하지만 분명히 고통을 포함하고 있을 미래에 집중했다. 우리가 뿌리를 깊이 내리고 함께 나이 들기를 바란다면, 그것은 우리가 함께 큰 고통을 당하리라는 뜻이다. 나는 우리가 결국 그 방에 참석한 사람들을 땅에 묻게 될 것이라고 지적했다. 우리 마음과 달리 그런 일은 생각보다 곧, 그리고 더 자주 있을 것이다. 따라서 우리는 준비해야 한다.

이십 대와 삼십 대로 가득한 그 방에서 이 말이 어떻게 들렸는지 상상해 보라. 후에 몇몇 친구들이 내게 와서 내가 당시 얼마나 음울했는지, 그 말로 순식간에 어떻게 생명력과 에너지가 고갈시켰는지를 말해 줬다. 내가 온갖 죽음의 이야기를 하기 전까지, 모든 사람은 교회 개척에 관한 일로 들떠 있었다. 그래서 이런 생각이 들었다. **어쩌면 저들이 맞을지 몰라. 이런 순간에는 축하해야 해. 어쩌면 내가 너무 음침한 것일 수 있어.** 그래서 그 순간부터 나는 죽음에 대해 말하지 않았다. 나는 겁쟁이였다. 나는 모든 사람의 감정 상태를 우려했다. 그래서 모든 사람의 미래에 놓여 있는 한 가지 확실한 사실을 무시했다.

그 만남을 돌아보며 내가 지금 아는 것을 그때 알았더라면 좋았겠다고 생각한다. 하나님이 내게 주셨던 그 선견지명을 우리 교회의 틀로 삼아야 했다. 정답을 가지고 미래의 고통에 대응하는 법을 계획하기보다는 말이다. 사람들이 잘될 것을 기뻐하거나 미래에 대한 희망으로 가득한데 고통과 고난에 대해 이야기한다면 비난당할 수밖에 없다는 것이 어려운 점이다. 당신의 말은 환영받지 못하고 박수갈채를 받지 못할 것이다. 고통과 고난은 불편한 대화를 만들어 내기 때문이다. 당신은 자신이 비관주의자가 아니라는 사실, 당신만 그런 것이 아니라는 사실을 스스로 상기해야 한다. 전도서 7장 1-4절은 우리의 감정이 아닌 우리의 미래를 봄으로써 이 삶에서 좋은 것이 무엇인지를 규정해야 한다고 가르친다. 즉, 우리 모두는 죽음과 고난을 직면하게 된다는 사실 말이다.

모든 사람이 살면서 번영에 따르는 유혹과 싸우지는 않는다. 모든 사람이 꿈의 직장을 얻고 복을 받아 거기에 수반되는 우상숭배와 싸우는 것도 아니다. 하지만 분명 모든 사람은 역경과 씨름할 것이다.

우리는 로마서 12장 15절 "즐거워하는 자들과 함께 즐거워하고 우는 자들과 함께 울라"는 말씀을 읽을 때 두 개의 다른 집단을 생각하는 경향이 있다. 하지만 동일한 사람이 동일한 상황에서 즐거워하고 슬퍼하는 것도 가능한가? 나는 하나님의 선하심을 즐거워하는 동시에 상실과 불행을 겪게 될 것을 예상하며 슬퍼할 수 있다. 두 가지 반응은 상호 배타적이지 않다. 왜냐하면 둘 다 하나님의 백성에게 일반적인 경험이기 때문이다.

당신이 설교 계획을 짜고 있다면 고통과 고난을 다루는 시간도 반드시 고려하라. 어려운 시절이 오기까지 기다리지 말라. 당신이 그 시기를 기다리기만 한다면 귀중한 사역 기회를 잃고 말 것이다. 스트레스를 받을 때는 객관적이기가 어렵다.

당신은 반드시 평정심을 유지해야 한다. 이러한 관점을 염두에 두고 당신의 설교 일정표를 짜라. 본문 중에 나올 때까지 기다리지 말고, 믿는 자들이 어려운 현실을 직면하게 할 본문을 설교할 계획을 미리 하라. 그리고 그 문제를 언급해야 한다면 **언급하라!** 실제 고통보다 더 나쁜 것은 거짓 소망이다. 성도에게 굳건히 설 자리를 제공하라. 때로 교회 외부의 도움이 필요할 수도 있음을 의식하라. 특히 상담 영역에서 그러하다.

고난의 시기에 교회를 목양하는 방법은 고난이 도착하기 전에 그들을 목양하는 것이다. 깔때기 모양의 구름을 보고 회오리바람을 대비한다면 너무 늦은 것이다. 고난의 토네이도는 오고 있다. 당신이 선호하는 것보다 더 자주, 당신이 생각하는 것보다 더 곧 말이다. 자신과 회중을 지금 준비시키라.

2. 교회를 피난처로 세우라

침묵 속에서 고난을 견뎌야 한다면 더 힘들다. 그래서 사람들은 고통이 올 때마다 고통에 맞설 장소로 향한다. 목회자로서 당신은 교회가 그 장소가 되기를 바라야 한다. 교인들에게 격려와 기도가 필요할 때, 교회는 반드시 하나님 안에서 피난처가 되어야 한다. 하지만 교회가 저절로 그런 피난처가 되지는 않는다. 고통스러운 시기는 두려움, 의심, 분노, 숨겨진 죄 외에도 많은 것을 드러내기에, 사람들은 자신의 감정에 솔직해도 된다는 것을 알아야 한다. 그들에게는 즐거워하고 슬퍼할 수 있는 공간이 있어야 한다. 당신의 교회가 정직함과 투명성을 갖춘 장소로 세워지는 것은 당신에게 달려 있다.

옳든 그르든 교인들은 종종 목회자가 보여 주는 본에 따라 자신의 영성을 측정한다. 따라서 당신은 반드시 취약함과 투명함을 지니고 솔선수범해야 한다. 당신도 사람임을 알게 하라. 그렇게 한다고 해서 신뢰를 잃는 것이 아니다. 오히려 그렇게 하면 낙심하거나 분노하거나 억울하거나 심지어 하나님의 선함이 의심스럽고 혼자라고 느끼는 자신이 미치지 않았음을 알게 된다. 시편 기자가 이러한 역동성을 잘 보여 준다. 겟세마네에서 고뇌하신 예수님, 십자가에서 버림받고 울부짖으신 예수님이 아니라면, 그리고 그분이 우리의 약함을 동정하신다는 확신이 없다면 우리가 과연 어디에 설 수 있겠는가?

3. 팀을 만들라

목회자로서 사람들이 고통과 잘 싸우도록, 고난의 무게를 잘 견디도록 도울 때 그 일을 혼자서 한다면 영적인 자살 행위와 같다. 혼자서 하지 말라. 장로 또는 다른 목회자의 도움을 얼마나 받을 수 있는 상황인지는 몰라도, 짐을 나누는 일이 교회 생활에 정말 중요하다는 사실은 말할 수 있다. 그리고 어두운 곳에서는 특별히 더 그렇다. 우리 교회는 시작할 때 네 명의 목사가 함께했다. 그리고 하나님의 은혜로운 섭리 가운데 그렇게 했던 것이 오늘날까지 우리 교회가 존재하는 이유인 것 같다. 우리가 처음 선교를 나가기 전날, 우리 집 거실에서 동료 목회자인 리처드, 트립, 머와 함께 울었던 기억이 난다. 그때 나는 우울증으로 결혼생활에 큰 위기를 겪고 있었다. 이 공동 리더십이 있었기에 다른 형제들이 설교와 교회를 이끄는 일을 담당해 주는 와중에 나는 자유를 누릴 수 있었고 아내와 화해할 수 있었다. 이 경험은 내가 목자일지라도 여전히 한 마리 양이라는 사실을 일깨웠다. 나 역시 돌봄과 쉼과 위안이 필요한 교회 구성원이다.

기꺼이 짐을 져 주는 영적인 형제들이 내 생명을 구원했다. 내가 우리 교회는커녕 가족의 고난도 잘 다룰 수 없었을 때, 이들이 회중을 감당했다. 그들은 하나님이 우리 교회에 주신 선물이다. 시간이 흐르고 보니 내가 실제로 자리에서 물러날 만큼 그들을 더 많이 신뢰했더라면 어땠을까 싶다. 처음 몇 달 동안은 모든 의사 결정권을 포기하는 편이 나았을 것이다. 나는 분명하게 볼 수 없었다. 따라서 슈퍼맨이 되려고 애쓰기보다는, 그들이 내 업무량을 결정하고, 휴식 시간을 정하고, 내가 할 수 있는 분량을 정할 수 있도록 해야 했다. 그랬다면 나는 더 건강해졌을 것이다. 그랬다면 우리 교회는 더 건강해졌을 것이다.

당신이 잘 아는 사람들, 그리고 당신을 잘 아는 사람들을 찾아가 이 짐을 잘 질 수 있도록 도움을 청하라. 자신의 고난에 대처하는 일도 영혼을 짓누르는 어려운 일이다. 다른 사람의 고난에 지속적으로 대처하는 일은 한 사람이 감내할 수 없는 과도한 일이다.

4. 정직한 기도가 정직한 설교만큼 중요함을 알라

E. M. 바운스(E. M. Bounce)는 "사람과 하나님 이야기를 하는 것은 대단한 일이다. 하지만 하나님과 사람 이야기를 하는 것은 더욱 대단한 일이다. 하나님과 사람 이야기를 잘하는 법을 배우지 못한 사람은 사람과 하나님 이야기하는 일을 잘할 수도 없고, 그 일에 성공할 수도 없다."[9]

우리는 모두 기도를 하기는 하는 교회의 일원이었다. 하지만 기도에 정말로 목적의식이 있거나 강력하지는 않았다. 교회에서 드리는 기도는 종종 식사 기도처럼 느껴진다. 그저 의무로 하는 일이고, 모든 사람이 그렇게 하는 당신을 존중하지만 누구도 그다지 의미를 두지는 않는 그런 것 말이다. 기도는 한 가지 활동을 마치고 다음 활동으로 넘어가는 최고의 방법으로 축소되었다. 신학교 시절을 생각해 보면 수업 시작과 끝에 기도했던 기억이 난다. 하지만

---

9) E. M. Bounds, *Power through Prayer* (Norcross, GA: Trinity Press, 2012), chap. 4.

토론이 과열됐을 때, 교수님이 도중에 멈춰서 기도를 드린 적은 없었던 것 같다.

신학교에서는 기도의 기술을 가르쳤다. 그리고 굉장히 간단하게 들렸다. 요청하기 전에 하나님을 경외하고, 하나님의 공급 이전에 하나님의 임재를 바라는 것이다. 하지만 당신이 아침에 수많은 생각으로 깬다면, 그리고 의심과 낙심 때문에 힘들어한다면, 그런 기도 원칙은 그저 표어일 뿐이다. 신학교는 성경 지식과 신학을 가르칠 수는 있지만, 그런 핵심 내용을 안다고 해서 영적으로 성장하는 것은 아니다.

최근 몇 년간 나는 냉담해졌다. 개인기도 습관은 끔찍했다. 나는 물론 기도했고, 일상적으로 죄를 고백하며 하나님께 도움을 구했다. 하지만 감정적인 면에서 보자면 내 기도 생활은 피상적이었다. 동생의 죽음과 교회의 고난이 닥치기 전에 나는, 실제로는 하나님이 필요하지 않다는 듯이 살았다. 내 걱정과 교회 걱정을 스스로 처리할 수 있다는 듯이 살았다. 동생이 죽은 후에는 하나님께 화가 났다. 하루, 한 주, 한 달 만에 해결될 수 없는 깊고도 지속적인 분노였다. 2015년은 그런 감정이 나를 규정했다.

하나님께 감정을 전부 쏟아 내고 나서야 설교 준비를 할 수 있었다. 그렇지 않았다면 내 설교는 냉담하고 하나님과 관계 없는 것이 되었을 터이다. 그리고 실제로 얼마간은 **그랬다**. 하나님 앞에 있는 모습 그대로 서는 것이 습관이 되고 나서야, '내 기도 생활이 이랬어야 했는데' 하고 깨달았다. 지금 생각해 보면 그 시기 전에는 기도 시간에 무얼 하고 있는지 몰랐다는 사실을 깨닫는다.

당신은 회중의 고통을 대신해서 느끼게 될 것이다. 그렇다면 그러한 감정들을 하나님께 가지고 가는 법을 배워야 한다. 그 짐을 내려놓을 곳을 알지 못한다면 교회의 무게를 질 수 없을 것이다. 포기하고 싶어질 것이다. 그 스트레스를 하나님께 드리지 않는다면 다른 사람에게 풀고 말 것이다. 하나님께 당신의 짐을 드리면 회중을 격려할 때 도움이 된다. 당신은 자유로워지고, 하나님이 당신에게 하도록 맡기신 일을 계절에 상관없이 할 수 있게 될 것이다. 그리고 그것이야말로 하나님의 말씀을 설교하는 것이다.

어려운 길을 준비하라

고난의 길을 가는 여정은 멀고, 그 짐은 무겁다. 당신이 그 길을 다른 이들과 함께 걷는 책임을 진다면 그 길은 더 멀고 더 무겁다. 만약 당신이 자신의 고난과 싸우면서 다른 이들과 함께 절뚝거리며 걷는다면 그 길은 가장 멀고 그 짐은 가장 무거울 것이다.

당신은 반드시 준비해야 한다. 그런데 **준비**라는 말을 듣고, 치과 의사가 이를 때울 때 잇몸의 신경을 둔하게 만들어 고통을 전혀 지각하지 못하게 하는 방식을 의미한다고 생각할지 모르겠다. 하지만 그것은 잘못 이해한 것이다. 사망의 쏘는 것을 피할 방법은 없다. 그리고 그 같은 준비는 상처받지 않도록 당신을 지켜 주지 못한다.

당신에게 내가 바라는 것은 누가복음 22장 31-32절에서 예수님이 베드로에게 하신 말씀과 상응하는 방식으로 준비하는 것이다. "시몬아, 시몬아, 보라 사탄이 너희를 밀 까부르듯 하려고 요구하였으나 그러나 내가 너를 위하여 네 믿음이 떨어지지 않기를 기도하였노니 너는 돌이킨 후에 네 형제를 굳게 하라." 고통은 현실이지만 그 고통 때문에 당신이 주님에게서 멀어지지 않고 오히려 주님께 달려가기를 기도한다. 하나님이 처음에 당신을 예수님과 연결해 주셨던 그 믿음을 지켜 주시고 힘 주시기를 기도한다. 나는 당신이 그렇게 힘을 얻어 결국 당신의 형제자매들에게 힘을 주는 역할을 감당하기를 기도한다.

9.
교회에 들어갈 때와
교회를 떠나야 할 때

해리 L. 리더
브라이어우드 장로교회 담임목사

한 목사에게, 목회 삼 년 차에 한 가지 제안이 들어왔다. 이 제안은 특별했다. 다른 제안들은 쉽게 제쳐 둘 수 있었지만, 이번에는 교단의 지도자가 요청했기 때문에 어떻게 답변하느냐가 중요했다.

그런데 이 질문에는 딜레마가 있었다. 현재 그의 사역이 굉장히 잘된다는 점이었다. 주님은 이 년 만에 교회를 절멸의 절벽에서 건져 주셨다. 원래 교회는 문을 닫고 부동산을 매각할 예정이었다. 하지만 이후 강력한 수적 성장과 함께 생명을 되찾았다. 처음에는 여러 어려움 가운데 사역이 벅차기도 했지만, 하나님의 은혜로 영적으로나 통계로나 모두 성장했고 교회에는 생기가 돌았다. 성장의 50퍼센트 이상은 새로 믿게 된 신자로 인한 것이었다. 공동체에는 인종적 다양성을 반영하는 주목할 만한 인구통계학적 변화도 생겨났다. 이제 교회는 하나가 되어 복음에 젖은 문화를 누리는 다민족 회중으로 알려지고 있었다. 그가 목회자로서 여기에 머물러야 하는 이 모든 이유에도 불구하고 교단 지도자가 다른 곳에서 섬기라는 제안을 한 것이다.

두 번째 시나리오를 보자. 아름다운 일월의 어느 날, 한 목사가 마이애미의 끝내주는 골프장에서 골프를 즐기다가 연락을 받았다. 목사는 그 순간 하나님이 자신을 부르신 바로 그곳에 있다고 확신하고 있었다! 그러면 이 연락은 주님이 그를 다른 사역으로 재배치하려고 주신 것인가? 아니면 그의 현재 사역을 다시 확증하려고 주신 부르심인가? 아니면 그저 그가 진정한 소명에 집중하지 못하도록 관심을 돌리려는 장애물인가?

그런데 더 복잡한 것은 그 목사가 현재 섬기는 교회에서 자신을 지지하는 한 사람으로부터 도무지 갈피를 잡을 수 없는 다음과 같은 전화를 받았다는 사실이다. 도무지 갈피를 잡을 수 없는 말을 한다. "목사님, 아셔야 할 것 같아서 전화를 드렸어요. 몇몇 장로님이 교회에 유력한 몇몇 분과 비밀리에 만나서 목사님에 대한 출구 계획을 논의하고 있대요. 목사님을 보낼 대책까지 포함해서요."

이 전혀 다른 시나리오는 목회자가 지역 교회를 섬기도록 부름받았을 때 직면할 다양한 딜레마 중 두 가지 예다. 각각은 중요한 문제를 제기한다. 목회자가 다양한 부름에 반응할 때 하나님의 뜻을 분별하기 위해 택해야 하는, 성경이 규정한 방법이 있는가?

떠나야 하는가, 남아야 하는가?

이 문제는 위로부터 주시는 하나님의 지혜로운 응답을 구해야 하지만 먼저 성경적인 틀을 잡아야 한다. 현재 사역지를 떠나 다른 섬김의 자리로 가야 할지 말지를 결정하는 일은 보이는 만큼 간단하지 않다. 많은 사역자의 기본적인 대답은 다음과 같을 것이다. "내가 있는 곳의 모든 상황이 좋지 않고, 더 좋아 보이는 곳에서 부름이 있다면 반드시 주님이 주신 부르심이다." 또는 "모든 일이 잘 돌아간다면, 다른 곳으로 가라는 부름은 관심을 돌리게 만드는 것이니 거절해야 한다."

앞의 시나리오들은 가상적인 예시에 그치지 않는다. 실제 사역에서 펼쳐지는 상황이다. 나는 오랜 기도와 많은 생각을 거쳐, 결국 '성공적이고 신나는 사역'을 떠난 적이 있다. 이후에는 위태로워 보이는 상황에서 나를 구해 줄 수 있을 것 같은 요청을 거절하기도 했다. 어떻게 그리고 왜 나는 이런 직관에 반대되는 결정을 내렸는가? 우선은 내가 결정에 이르기까지 밟았던 과정에서 어떻게 결정하고, 무엇에 집중했는지는 잊도록 하자. 성경에 제시된 부르심의 개념에서부터 시작하자. 즉, 구원을 이루시기 위한 그리스도로의 부르심, 그 후에는 그리스도를 섬기도록 하는 사역의 소명과 장소로의 부르심이다.

이중적인 부르심

하나님의 구원 사역은 두 가지 부르심을 포괄한다. 즉, 선포된 복음의 외적 부르심과 성령의 내적 부르심이다. 이와 마찬가지로 하나님이 사람을 사역으로 부르실 때도 이중적인 역학이 있다. 하나님이 사람에게 은사를 주셔서 목회자나 장로로 섬기게 하신다면, 성령님이 주시는 내적 부르심에 대한 지각이 있을 것이다. 그리고 하나님은 교회를 통해 그 부르심을 확증하실 것이다. 부르심에 대한 의식을 재확인하고 정제하고 지도하시는 것이다.

성령님께 사역으로 내적 부르심을 받았다고 믿는 사람들은 지역 교회의 지도자들과 동료들에게 기꺼이 순종하여 내적인 부르심이 외적인 부르심으로 확정되도록 해야 한다. 이 점이 중요하다. 마찬가지로 교회가 외적인 부르심을 통해 한 사람에게 복음 사역을 받아들이도록 권고한다면, 교회는 사역으로 마음이 끌리는 그 사람이 진정으로 내적 소명에 대한 인식이 있는지를 질문하는 것도 똑

같이 중요하다. 바울은 이 점을 가장 분명하게 규정한다. 즉, 그는 내적으로 다메섹 도상에서 주님께 사역으로 부르심을 받았지만, 동시에 외적으로 안디옥에서 교회에 의해 바나바와 함께 사역을 위해 구별됐다는 것이다. 바울은 이렇게 기록했다. "만일 복음을 전하지 아니하면 내게 화가 있을 것이로다"(고전 9:16). 바울에게는 성령님의 감동으로 교회를 통해 주신 외적인 부르심만 있던 것이 아니었다. 강력한 내적 부르심도 있었는데, 너무나 강렬하고 중요하기에 바울은 자신이 그 부르심을 경시하거나 버리거나 무시하면 저주가 있을 것이라고 선포한다.

역사적으로 복음주의자들은 지역 교회의 명시적인 부르심이 없으면 그 사람이 사역에 나서도록 안수하지 않았다. 안수는 결코 지역 교회가 지원자에게 바라는 특정 사역에 대한 외적인 부르심과 그 부르심을 받아들이겠다는 지원자의 순종보다 앞서지 않는다.

열 가지 지침

아래는 지난 사십여 년간 다양한 사역의 부르심을 처리하는 과정 중 도움이 됐던 열 가지 생각 또는 제안이다. 나는 이 내용이 나의 한결같은 기도인, "주님, 제게 위로부터의 지혜를 주시옵소서"에 대한 응답을 잘 정리하고 있다고 믿는다.

나는 사역의 부르심을 두고 나아갈 때마다 옳은 결정을 내려야 한다는 생각으로 고민한 적은 한 번도 없었다. 나는 사역에서 그분의 뜻을 분별하기 위해 애쓸 때라도, 먼저 하나님께 영광을 돌리고 하나님을 영원히 즐거워한다는 동기를 품고 그 과정에 접근해야 옳다고 믿는다.

1. **내적 부르심은 외적 부르심을 확증하는 데 필요하다.** 내적 부르심이 없다면 당신은 어떤 외적 부르심도 거절해야 한다. 다른 말로 하자면, 주님이 자신의 교회를 통해 당신을 부르고 계시다면 당신의 마음에 그 부르심에 대한 증거를 주신다. 그렇다고 외적 부르심이 있을 때 즉각 내적 부르심이 생겨야 한다는 말은 아니다. 때로는 외적 부르심을 두고 기도하는 과정에서 생겨나기도 한다. 하지만 그렇다고 한 사람이 내적 부르심을 받으면 외적 부르심에 수반되는 어떤 걱정거리도 나타나지 않는다는 말도 아니다.

나는 세 교회를 섬겼고, 매번 내적인 부르심으로 확정되었다. 각 경우에 성령님은 내적인 부르심을 분명하게 해 주셨다. 하지만 하나님의 내적 인도하심을 확신하는 과정마다 걸리는 시간과 강렬함과 확신의 정도는 각기 달랐다.

2. **외적 부르심은 진정한 내적 부르심을 확증하는 데 필요하다.** 특정 사역에 내적 부르심이 있다면, 궁극적으로는 외적인 부르심으

로 확정될 것이다. 성령님은 교회를 이끄셔서 그 사역자와 서로 연합하게 하시기 때문이다. 외적 부르심이 전혀 없다면 내적 부르심이라고 믿은 것이 오해는 아니었는지를 생각해야 한다. 적어도 우선은 그렇게 해야 한다.

3. 하나님의 부르심은 단지 소명에 대한 것이 아니라 장소나 사람들에 대한 것이기도 하다. "너희 중에 있는 하나님의 양 무리를 치되"(벧전 5:2). 목회 사역에서 당신은 한 가지 역할뿐 아니라 한 장소로도 부름을 받은 것이다. 당신은 그저 설교하고 리더십을 세우고 프로그램을 인도하는 하나의 일로 향하는 것이 아니다. 당신은 그 회중을 구성하는 사람들에게로 부름을 받은 것이다.

4. 사역을 향한 내적, 외적 부르심에는 불가분한 상호 의존성과 역동적인 상호 작용이 있다. 당신이 사역을 하는 중이더라도 한 장소나 사람들을 떠나 다른 곳으로 이동하도록 부름받을 수 있다. 주님이 당신을 다음 사역으로 준비시키시는 과정에서, 때로는 사역지를 옮겨야 한다는 내적 소명이 외적 부르심보다 앞설 수 있다. 또 어떤 때는 그와 반대로, 현재 있는 곳에서 이동해야 한다는 내적 부르심을 받기 전에 다른 사역지로 이동하라는 외적 부르심을 받을 수도 있다.

5. **내적 부르심이 당신의 기도를 다 차지해 버리거나 현재 사역에 대한 집중도를 흐트러뜨리도록 하지 말라.** 이 제안은 한 멘토가 내게 조언해 주셔서 수긍한 내용이다. 다른 교회를 찾고 있는 목회자들은 어쨌든 다른 곳으로 떠나야 하는지를 두고 많은 시간 기도하게 된다. 사역 경험 초기에 나는 지속적으로 다른 곳으로 갈 가능성을 두고 기도했던 것 같다. 그런데 문득 현재 사역을 떠나는 일로 너무 자주 기도한다는 느낌이 들었다. 그래서 나는 신뢰할 만한 멘토에게 조언을 구했다. 그분은 내게 세 번 거절한 후에도 다시 제안을 해 오기 전까지는 다른 사역 기회를 생각하거나 기도해 보지도 말라고 조언했다. 만약 네 번째로 요청이 오면, 하나님이 현재 섬기는 장소에서 다른 곳으로 옮기라고 하시는 것인지 기도해 보라고 했다.

6. **끝까지 버티라, 경주를 마치라.** 현재 사역에서 겪는 역경을 주님이 당신을 다른 사역으로 떠나라고 부르셨다는 결정적인 요인으로 삼아서는 안 된다. 다른 사역에는 역경이 없으리라는 잘못된 생각을 해서도 안 된다.

많은 목회자가 어려움에서 회피하겠다는 이해할 만한 욕망 때문에 사역을 너무 일찍 떠난다. 교회가 제자리로 돌아오는 데는 대부분 적어도 삼 년에서 오 년은 지속되는, 사려 깊고 신실한 사역이 필요하다. 하지만 많은 목회자가 십팔 개월에서 삼십 개월 사이에 떠난다. 분명 하나님은 주권적으로 역사하시기에 그러한 결정도 사용하시지만, 목회자가 몇 달만 더 버텼다면 교회는 제자리로 돌아왔을 것이다.

7. 현재 누리는 복 때문에 다른 사역지를 향한 외적 부르심을 묵살하면 안 된다. 바로 전 제안과 반대다. 내가 상당한 반대가 있는 사역지에 있었을 때, 떠날 기회가 왔다. 하지만 나는 계속 머물러 지금 하는 사역이 완성되는 모습을 봐야 한다고 느꼈다. 다음 해가 되니 많은 반대가 많은 복으로 대체되었다. 그리고 주님은 여전히 그 회중을 사용하셔서 신실하게 복음을 선포하신다. 또 다른 곳에서는 사역이 주님 안에서 잘되고 있었는데, 어려운 사역지로 와 달라는 요청을 받았다. 비록 그 결정을 내리기까지 개인적으로 굉장한 고충이 있었지만, 주님이 복 주신다는 이유만으로 내가 거기에 머물러서는 안 된다는 점이 분명해졌다.

하나님이 사람을 목회 사역, 그리고 특정 교회로 부르실 때는 일반적으로 이러한 역학이 작동한다. 사역에서 주님의 복이 주님의 뜻보다 더 중요하게 여겨지는 지경이 되면, 거의 틀림없이 우상숭배에 가깝다고 보면 된다. 나는 사역에서 주님이 주신 복을 우상화하는 바람에 새로운 사역으로 섬기도록 지시하실 때 겸손하게 순종하지 못한다면, 주님은 곧 그러한 복을 저주로 바꾸실 수 있다는 사실을 알고 있었다. 그런 경우 나는 다음 사역으로 이동했다. 그리고 주님은 그렇게 하는 것이 바른 일임을 아주 분명하고 명확하게 밝히셨다. 심지어 내가 섬기던 곳에는 누릴 것이 많고, 새로운 곳에는 어려움만 보일 때도 말이다.

8. 돈만 밝히는 사람이 되지 말라. 나의 약점을 폭로하는 동시에 내 삶을 부르신 성경 말씀이 있다. "너희는 먼저 그의 나라와 그의 의를 구하라 그리하면 이 모든 것을 너희에게 더하시리라"(마 6:33). 그래서 돈만 밝히는 사람이 되지 않도록, 급여에 근거해 사역을 결정하는 유혹을 피하려고 나는 두 가지 원칙을 세웠다.

이러한 원칙은 두 가지 확신에서 나온 것이다. 첫째, 주님이 나를 어디로 부르시든 주님은 자기 백성을 사용하셔서 그들이 할 수 있는 때와 방법으로 나를 적절히 후원하실 것이다. 하나님이 나를 부르셨다면 그들이 나를 후원하지 않아도 하나님께서는 내가 살아가게 하실 완벽한 능력이 있다. 기억하라. 하나님은 까마귀를 사용해 엘리야 선지자를 먹이셨다. 마찬가지로 하나님은 나를 격려하실 수도 있고, 맡긴 일을 제대로 하지 않은 자들을 책망하실 수도 있다. 두 번째 확신은 더 중요하다. 나는 명망과 연봉 및 복지에 흔들리는 내 성향을 잘 알고 있다. 따라서 이러한 유혹에서 벗어나기 위해 나는 목회자 처우에 관해서 평생에 두 가지 약속을 따르기로 했다.

첫째, 나는 연봉에 관해 교회 지도자들과 절대 이야기하지 않는다. 물론 그들이 우리의 필요를 알아야 한다는 책임과 권리를 알고 있으며 이에 동의한다. 따라서 나보다 우리 집 재정 환경을 잘 알고 있는 아내 신디와 자유롭게 이야기할 수 있다. 또 연봉 인상에 관해서도 이야기하지 않는다. 나는 그저 책임을 진 편에서 바르게 일할 것이고, 우리 회중의 생활 방식에 잘 맞도록 나를 후원하리라 신뢰한다.

둘째, 내가 한 사역지에서 다른 사역지로 이동할 때 받는 첫해의 급여는 지난 사역지에서 받았던 급여를 초과할 수 없다. 이러한 나만의 신념 때문에 내가 섬겼던 세 교회에서는 다음과 같이 흥미로운 대화가 있었다. 한번은 청빙위원회 대표가 말했다. "그럼 이제 목사님 처우에 관한 내용 말고는 다 이야기를 나눴습니다. 필요하신 게 뭡니까?" 나는 말했다. "그건 쉽습니다. 제 사역지에 작년에 제가 얼마를 받았는지 확인해 보십시오(나는 모르기 때문에), 그리고 그것보다 조금 덜 주십시오. 그리고 내년에는 신디와 이야기하시면 됩니다."

9. 본보기, 멘토, 동기 부여자를 찾으라. 나는 모든 목사에게는 사역 계발이라는 측면에서, 역사와 성경에서 따를 만한 본보기가 세 명에서 다섯 명은 필요하다고 믿는다. 여기에 더해 모든 목사는 상담, 목표, 사역 코치를 해 줄 멘토가 세 명에서 다섯 명은 필요하다. 또 목사는 정기적으로 서로 격려하고 책임감을 부여하고 함께

기도하기 위해 만날 세 명에서 다섯 명의 동기 부여자(일단의 형제들) 또는 사역의 동료가 필요하다. 과거의 본보기들과 대화하는 것은 불가능하지만(그들은 이제 주님과 함께 있기 때문에), 한 사역지에서 다른 사역지로 옮기라는 부르심을 고려할 때는 반드시 멘토 및 동기 부여자의 이야기를 들어 봐야 한다.

당신의 멘토와 동기 부여자를 주의 깊게 선택하라. 우리는 우리 선생처럼 되기 때문이다. 당신이 처한 형편을 나누고, 그들의 조언을 듣고, 기도하면서 그들의 의견을 수용하라. 다른 사람이 외부에서 당신과 당신의 사역과 당신의 성향에 대해 관찰한 내용은 놀라울 정도로 정확하다. 또 그들은 종종 당신에게 온 새로운 사역 기회를 분명하게 평가하는 말을 해 줄 수 있다. 멘토와 동기 부여자들이 무오한 것은 아니지만 우리는 그들을 존경하고 이용해야 한다. 기억하라. "지략이 많으면 평안을 누리느니라"(잠 11:14)고 하지만, 가능한 한 지혜로운 상담자를 멘토와 동기 부여자로 선택하라.

10. 가족에게 지혜를 구하라. 적절한 때에 적절한 방식으로 가족을 이용하라. 먼저 아내와 상황을 논해야 한다. 아내는 당신이 현재 사역에서 떠나려고 하는 마음에서 무엇을 보는가? 미래 사역의 가능성에 관해 어떻게 생각하는가? 당신이 그 문제를 깊이 기도한 것처럼 아내도 기도하며 자기 생각을 정리할 시간을 주라. 아내와 나는 섬겼던 교회마다 마지막 결정을 내리기 전에 집을 떠나 삼 일

간 금식하며 기도했다. 물론 그렇게 하기 전에 이미 수많은 대화를 나눈다.

마지막으로, 나는 확신한다. 우리가 하나님을 영화롭게 하고, 성령으로 충만하여, 성경에 부합하고, 그리스도께 영광 돌리는 과정을 밟는다면 우리가 결정하는 마지막 순간에 주님이 평안한 마음을 주신다. 그 결정에는 여전히 걱정거리가 있을지 모른다. "아무 것도 염려하지 말"(빌 4:6)라고 한 바울도 "모든 교회를 위하여 염려"(고후 11:28)한다고 고백한다.

당신이 그리스도를 높이는 결정을 내리고, 그리스도의 좋은 몸이 되기를 바라며, 성령님의 능력 안에 거하며, 그리스도의 탁월함을 드러내기 위해 그분의 복음을 전할 때 하나님이 당신에게 평안을 주실 것이다. 사도의 말이 우리에게 확신을 준다.

너희 안에서 착한 일을 시작하신 이가 그리스도 예수의 날까지 이루실 줄을 우리는 확신하노라(빌 1:6)

너희를 부르시는 이는 미쁘시니 그가 또한 이루시리라(살전 5:24)

10.
갈등을 다루는 방법

제이 토머스
채플힐 바이블 교회 목사

 세상에는 두 종류의 목회자만 존재한다. 즉, 지역 교회 사역은 빈번한 갈등을 수반한다는 사실을 아는 목회자, 그리고 이 고통스러운 진리를 곧 알게 될 목회자다. 어쩌면 당신은 처음으로 목회 임지로 가려는 사람일 수 있다. 그렇다면 경고한다. 당신이 섬기려고 하는 교회에는 갈등이 있을 것이다. 하지만 달아나지 말라! 갈등이 일을 망치는 것이 아니다. 갈등은 오히려 기회다.

 우리는 타락한 세상에서 목회하기 때문에 모든 교회에는 갈등이 있다. 신약 성경의 서신서 대부분은 갈등 중인 교회에 쓰였다. 당신이 신실하고 경건하게 성경에 기반하여 사역한다면 불완전한 교회는 점점 깨끗해지고 성숙해질 것이다. 그래서 매년 갈등이 줄어들 것이다. 그렇게 복음이 구현되면서 점점 하나님께 쓰임받는 교회가 될 것이다. 하나님은 교회 갈등의 불길을 지났던 나만의 목회 여정을 통해 많은 가르침을 주셨다.

갈등은 무엇인가?

정의부터 시작해 보자. 나는 교회 내 믿는 사람들 사이에 발생하는 관계의 갈등에 집중할 것이다. 하나님의 사람들과 믿지 않는 세상 사이에 발생하는 갈등은 다루지 않을 예정인데, 이는 박해 범주에 들어갈 내용이기 때문이다.

네 가지 형태의 갈등으로 논의를 제한하려고 한다.

교인 사이의 갈등
회중과 교회 지도자들 사이의 갈등
회중과 담임목사 사이의 갈등
교회 지도자들 사이의 갈등

여기에는 세 가지 중요한 가정이 있다. 1) 갈등은 반드시 처리되어야 한다. 2) 복음의 능력만이 치유할 수 있다. 3) 갈등의 부재가 아닌 그리스도 중심적 사랑이 최종 목표다.

1. 교인 사이의 갈등

예수님이 다시 오실 때까지 죄는 계속해서 그리스도인 안에 존재할 것이다. 이 실상을 깨닫기까지는 오랜 시간이 걸리지 않는다. 결혼한 분들을 상담하고, 교인 회의를 인도하고, 대화를 듣고, 교회의 영적 맥박을 짚어 보면 지천으로 널린 망가진 관계들을 확인하게 된다.

조직과 관련된 문제들도 있다. 즉, 교회의 방향성, 마음이 전혀 가지 않는 사역 결정들, 함께 봉사하다가 마찰을 빚는 일 등이다. 또 어떤 문제들은 개인적인 것들이다. 두 가정이 쓰라린 감정을 품게 된 사건을 경험한 적이 있다. 한 가정의 아버지가 사업을 했고, 다른 가정의 자녀가 거기에서 일을 하고 있었다. 그런데 여러 이유로 특별히 민감한 시기에 그 자녀가 일자리를 잃게 되었다. 이 일로 관계가 얼마나 힘들어졌을지 상상해 보라. 게다가 불행하게도 두 가정은 같은 구역 소속이었다.

모든 갈등에서 근본적인 문제는 마음이다. 사역 결정과 관련된 갈등은 객관적으로 보이고, 개인적인 원한은 주관적으로 보인다. 하지만 그 모든 문제는 그리스도로 완전히 만족하지 못한 마음, 그리스도께 완전히 굴복하지 못한 마음에서 발생한다. 이것이야말로 갈등을 다룰 때 명심해야 할 가장 중요한 진리이다. 복음의 영광을 온전히 품지 못한 마음들에서 갈등이 생기는 것이다.

그렇다면 이런 상황에 어떻게 대처할 것인가? 바울이 든 한 가지 예가 상당한 도움이 된다. 갈등과 불화는 성경 내내 등장하는 주제다. 고린도전서와 빌립보서는 불일치와 갈등을 직접 다룬다. 바울은 살짝 다른 접근법을 사용하지만, 두 서신서의 목표는 모두 복음이 어떻게 그리스도 안에서 그리스도인들을 다시 연합하게 하는지를 보여 주는 것이다. 빌립보서는 잠시 후에 다루기로 하자. 고린도전서 1장 1-4절에서 바울은 십자가에서 죽으신 그리스도라는 신학적 관점을 제시한다. 이 십자가 중심 관점은 고린도 교회 안에서 사람들의 관계 및 사고방식을 망치고 있던 그레코-로만 세계관과 완전히 대조된다. 고린도의 그리스도인들은 복음에 따라 살지 못하고 있었다. 자아 중심적인 마음은 십자가에 죽으신 왕의 참된 이야기보다는 자아 중심적인 이야기를 받아들이기 때문이다. 바울은 그래서 바로 마음을 지적한다. 이 편지의 요체인 13장은 그리스도께서 정의하신 사랑을 영광스럽게 주해한 내용으로 예수님을 중심에 두는 교회가 어떠한 모습인지를 온전히 드러낸다.

갈등에 대처하는 첫 번째 방식은 복음을 선포하는 것이다. 이는 당신이 설교단에서 하는 작업 이상을 의미하지만, 그렇다고 매주 수행하는 일보다 작지 않다. 그래서 주해 설교가 그렇게나 소중한 것이다. 당신이 말씀을 설교하면 반드시 복음을 설교하게 되고 그러면 곧 성경은 갈등을 치유하는 진리로 가득하다는 사실을 알게 된다. 종종 성경은 갈등의 뿌리에 존재하는 교만, 자기 의, 속물근성, 우상숭배, 자기 보호, 그 외 다른 죄 들을 다룬다. 그 목적은 어떻게든 중립성을 지키는 것이 아니라 사랑하는 것이다. 당신은 성령님이 하나님의 말씀을 사용하셔서 불화를 일으킨 사람들에게 자신이 한 일에 찔림을 받고 성숙함으로 나아가게 하시는 모습에 놀랄 것이다. 그렇게 억울함이 그리스도의 사랑으로 대체된다.

이 말은 당신이 교회 내에서 갈등을 보고 듣고 감지했을 때, 힘들지만 반드시 거기에 맞서야 한다는 뜻이다. 많은 목회자가 성경적인, 좋은 기준을 고수하며 갈등을 해소하려고 한다. 그러나 그 과정에서 더러워지는 일을 꺼린다. 하지만 갈등에 맞서 해소하는 과정은 더러울 수도 있다. 그것도 당신이 목자로서 받은 사명의 일부다. 하나님은 사람을 회심하게 하실 때처럼 갈등을 해소하시면서도 죄악된 마음을 깨우치는 기적을 행하실 것이다. 가장 좋은 출발점은 신실하게 말씀을 선포하는 일이다.

2. 회중과 교회 지도자들 사이의 갈등

당신이 여러 명으로 구성된 교역자팀에서 함께 섬기든, 평신도 지도자들과 함께 혼자 교역자로서 섬기든 회중과 지도자들 사이의 갈등을 경험하게 될 것이다. 다양한 일이 이러한 형태의 갈등을 촉발한다. 하지만 뚜렷하게 드러나는 경향이 있다.

우리 교회는 내가 육 년 전에 사역을 시작한 이래 많은 도전을 겪어 왔다. 나는 여러 명의 교역자와 함께 섬겼지만, 교회의 비전과 방향성을 설정할 때는 장로님들의 도움을 받았고, 많은 지도자에게 그 역할을 맡겼다. 우리 교인 몇몇은 몇 가지 '큰' 결정 사항 때문에 실망하기도 했지만, 그것조차도 우리 지체와 몸의 건강을 위해 내린 것들이었다. 이러한 '큰' 결정들은 교리적이라기보다는 문화적인 것이었다. 하지만 종종 '문화는 아침 식사로 전략을 먹는다'(culture eats strategy for breakfast. 아무리 좋은 전략이라도 조직 문화가 뒷받침되지 않으면 성공하기 어려움을 의미—편집자 주)고 하지 않는가. 이 말은 참이다.

교회 지도자들이 교회 문화와 정서에 중요한 변화를 바라는 순간이 있을 것이다. 그런데 이러한 변화는 회중과 교회 지도자들 사이에 긴장을 유발한다. 예배 순서를 바꾸는 일, 예전과 다르게 설교하는 일, 리더십 구조를 변경하는 일, 새 교직원을 채용하는 일, 오랜 지도자들을 보내는 일, 기금 모금을 시작하는 일 등은 모두 교회가 건강한 복음을 향해 나아가도록 이끌 때 나타나는 필수적인 움직임이다. 하지만 이러한 변화는 대립을 일으키는 장이 되기도 한다. 낙심하지 말라. 여전히 대립은 복음으로 반드시 다뤄져야 하고 사랑으로 구현되어야 한다.

성도 사이의 갈등과 마찬가지로 복음은 회중과 지도자들 사이의 갈등을 다루는 방법도 제공한다. 당신은 사람들이 하는 말, 쪽지, 이메일, 심지어 뒷담화를 통해서 그러한 갈등을 인지하게 될 것이다. 이런 종류의 갈등을 인지했다면, 핵심 지도자들을 소집해서 당신의 교인들을 목양하는 일에 관해 이야기하고 기도하라. 여기에 생각해 볼 만한 단계가 있다.

1. 반대 세력을 주도하는 것처럼 보이는 사람들을 만나라. 우선, 그들의 이야기를 들으라. 배경 지식을 확보하라. 당신이 목회자의 사랑과 복음의 진리로 그들이 돌아오도록 할 수만 있다면, 그들은 다른 이들도 신뢰와 사랑의 자리로 돌아오도록 이끌 것이다.

2. 공개적으로 교인 회의를 열어 문제를 논의하라. 우리 교회는 기금 모금에 대해 알리는 단계를 막 마쳤다. 지도자들은 우리가 이 단계를 상상하고 실행함으로써 주님을 영화롭게 했다고 느꼈다. 물론 더 잘할 수 있었던 것들도 많다. 하지만 희망이 있는 이유는 우리가 성경에 따라 동기 부여를 받았고, 성령님의 인도를 받았기 때문이었다. 하지만 이렇게 하는 것은 엄청난 문화 변화였다. 그래서 몇몇 사람을 괴롭게 하기도 했다.

우리 교회의 대다수는 이 모금 운동과 건축 계획을 마음에 들어 했다. 하지만 교인들이 공적인 장에서 질문을 던지고 걱정을 표출하도록 허용하는 일이 중요했다. 그분들의 의견을 듣지 않아도 다음 단계로 넘어갈 수 있었지만, 교인들을 섬기고 우리 교회의 사명에 함께하기를 원했다.

3. 지도자들이 갈등의 원인이 되었다면, 반드시 고백하고, 회개하고, 용서를 구하고, 하나님이 그 일을 사용하셔서 지도자로서 성숙하게 해 달라고 구해야 한다. 겸손, 가르침을 받겠다는 마음, 죄와 실수를 기꺼이 인정하는 자세는 그 순간 갈등을 누그러뜨리고 장기적으로도 갈등을 완화하는 엄청난 자산이 된다. 겸손하고 경건한 리더십은 신뢰와 사랑이라는 교회 문화를 만든다.

개인이든 집단이든 사람들을 자신을 지지하는 편이 아니면 말썽을 부리는 편으로 구분하지 않고 그리스도 안에서 형제자매 됨을 추구하는 모습이 보여야 신뢰가 생긴다. 당신이 겸손하게 목양할수록 교회는 지도자들을 더 신뢰하고 선교에 더 집중하게 될 것이다. 그리고 전통적인 교회 내부 문화를 보존하는 일에는 점차 관심을 거두게 될 것이다. 사랑이 회의주의와 불신과 분노를 대체할 것이다.

3. 회중과 담임목사 사이의 갈등

불행하게도, 갈등이 당신에게 집중되는 시기가 있을 것이다. 물론 당신이 담임목사나 부목사일 때 이런 일이 반드시 일어난다는 말은 아니다. 하지만 당신은 여전히 같은 방법론을 유지해야 한다. 그 문제를 직접 다루고, 복음으로 처리하라. 그리고 그리스도를 닮은 사랑을 위해 애써야 한다.

여기서 빌립보서가 떠오른다. 아마도 교회 내 두 여성, 유오디아와 순두게 사이에 갈등이 발생한 것처럼 보인다(빌 4:2). 바울은 이 문제에 관해서는 고린도전후서처럼 자신을 변호하지는 않는다. 하지만 그가 연합을 정의할 때 사용하는 신학은 갈등에 대응하는 방법에서도 핵심이다. 빌립보서 2장 1-11절에서 바울은 예수님이 겸손하게 성육신하시고 십자가에서 자신을 쏟아부으시는 모습을 아름답게 그려 냈다. 그것은 아버지께 대한 순종과 자기 백성에 대한 사랑에서 나온 것으로서, 그 결과 예수님의 영광이 드러나고 그분이 온 우주의 찬양을 받으신다. 지도자들이 비난받고, 비방받고, 심지어 거부당할 때조차 이것만이 그들이 매달릴 수 있는 유일한 진리다. 또 당신의 죄, 우상숭배, 자아 중심적인 야망 등이 갈등을 초래하고 다른 이를 아프게 했다는 점을 깨달을 때도 관련이 있는 진리이다.

당신이 반드시 해야 하는, 어렵지만 필수적인 일이 있다. 갈등 관계에 있는 사람들을 직접 만나는 것이다. 행동에 대해 말하되, 가능한 한 빨리 그 사람의 마음으로 다가가라. 그리고 잘 들으라. 그 과정에는 시간이 걸린다는 사실에 대비하라. 증인으로서 객관적인 지혜를 줄 수 있는 다른 지도자와 동행하면 도움이 된다. 교회 내외에 있는 사람들과 상담하고 당신이 문제를 초래한 지점이 어디인지 알아보라. 당신의 무죄를 입증하기 위해서가 아니라 회개를 위해서 말이다. 고린도후서 11-12장에서 바울은 자신을 변호하지만, 모든 것을 맡김으로써 그렇게 한다.

자신에게 집중된 갈등은 어쩌면 가장 어려울 수도 있지만 가장 유익할 수도 있다. 당신은 강제로 그리스도께 매달리게 되고, 당신의 가치와 정체성이 인간의 인정이 아닌 그리스도 안에만 있다는 점을 더 강력하게 인식하게 되고, 당신의 단점을 검토하도록 도전받는다. 그리고 이 모든 과정을 통해 양이 당신을 물어뜯는 순간에도 목양할 수 있게 된다. 이러한 환경은 고통스럽기는 하지만 잘 다루어지기만 한다면 당신의 신뢰성을 높이는 데 도움이 될 것이다. 당신과 매듭짓기 원하는 사람들에게서 달아나지 말라. 오히려 그들에게 달려가도록 애쓰라. 당신이 그들 모두를 얻을 수는 없을 것이다. 어떤 사람들은 당신에게 넘어오지 않을 것이다. 일부만 돌아올 테지만, 그들은 복음이 당신에게 어떠한 영향을 미치는지 보면서 점차 당신을 신뢰하게 될 것이고 복음에 대한 이해도 깊어질 것이다.

4. 교회 지도자들 사이의 갈등

교회 지도자들 사이의 갈등을 마지막으로 다루기는 하지만 어쩌면 가장 중요한 지점일 것이다. 지도자가 다른 지도자와 함께 살아가는 방식이 교회 전체를 빚어 간다. 당신이 이끄는 팀보다 당신이 속한 팀이 더 중요하다는 말이 있다.

지도자들은 최대한 엄격하고 열정적으로 복음의 방법론을 적용해야 한다. 당신이 복음으로 즉시 문제를 해결하는 한 지도자들 사이에서 갈등은 드물게 일어날 것이고, 일어나더라도 심각하지 않을 것이고, 심지어는 성장에 활용될 수도 있을 것이다.

부모와 같은 교회 지도자들을 생각해 보라. 엄마 아빠는 절대로 완벽하지 않다. 하지만 은혜의 능력으로 날마다 성장할 수 있다. 그리고 자녀들에게 가장 중요한 것은 그것뿐이다.

당신이 완벽한 지도자가 될 필요는 없다. 그저 함께 성장하며 함께 예수님을 찾으라. 그리고 불가피하게 갈등이 생기면 빠르게 복음으로, 경건한 사랑이라는 목적을 품고 처리하라. 내가 봤을 때 어려움에 빠진 지도자들은 은혜의 복음이 교회 문화를 장악하도록 하지 않은 이들이었다. 은사가 있고, 예수님을 사랑하는 사람들조차도 복음을 함께 영광스럽게 여기지 않고, 복음이 주는 안전함과 용서를 자신들의 관계에 적용하지 못할 때 분열에 빠질 수도 있다. 불일치는 추악한 광경이다. 하지만 좋을 때나 어려울 때나 은혜로 성장하는 지도자들을 보는 일은 그 자체로 아름답다.

그저 집중 특강일 뿐

이것이 갈등에 대한 나의 집중 특강이다. 하지만 미묘하거나 애매한 부분은 다루지 못했다. 예를 들어, 너무 심각하게 흘러가는 갈등은 어떻게 해야 하는가? 제삼자가 개입해야 하는가? 누군가에게 정신 문제가 있거나, 전문적인 상담이나 다른 집중적인 치료 방법을 준비해야 할 정도로 심각한 마음의 문제가 있다면 어떻게 해야 하는가? 최선을 다해 노력했는데도 갈등이 지속된다면 어떻게 해야 하는가? 그리고 떠나야 할 시간이 되었다는 신호는 무엇인가?

모두 중요한 질문이며 많은 목회자가 직면할 질문이기도 하다. 당신이 세 가지 접근법을 지키고, 복음의 능력과 진리를 사용하여 문제들을 해결하며, 사랑이라는 온전한 목표를 추구한다면 특별히 심각한 수준의 갈등을 만났을 때도 나아갈 길은 분명히 보일 것이다. 그리고 당신의 영혼과 교회와 하나님 나라에도 부수적인 피해가 훨씬 덜할 것이다.

목회자들이여, 인내하라! 당신이 지금 직면하는 갈등도 하나님의 통제 아래 있다. 복음 안에서 안식하고, 복음을 선포하고, 복음의 효력을 살아내라. 그렇다면 불가피하게 갈등이 생길 때도 평안할 수 있다.

11.
하나님과 나의 관계를 위한 싸움

버몬 피에어
루스벨트 커뮤니티 교회 담임목사

무언가 독특한 불안감이다. 당신이 지난주, 또는 지난 몇 주간 하나님과의 관계에서 어려움을 겪은 후 설교해야 할 때 그런 감정이 찾아온다. 말로 표현하기가 어렵다. 최선의 비유를 해 보자면 아침에 샤워를 마치고 나왔는데 수건이 없는 것이라고 할까. 아직 아무도 깨지 않았기를 바라며 행주로 몸을 가린 채로 종종걸음을 해야 한다.

당신은 이제 거기서 하나님의 말씀을 선포해야 한다. 바로 하나님의 말씀을 말이다! 하지만 생기가 넘치고 준비되었다는 느낌보다는 정리가 되지 않고 벌거벗었다는 느낌이다. 당신이 이제 하려는 일은 완전히 실패라는 느낌이 온다. **당신이** 몇 주 동안 완전히 실패했기 때문이다. 당신은 다음 사십 분 동안 자신이 사기꾼이라는 사실이 폭로될 것이라는 통렬한 두려움에 맞서 싸운다.

정직함. 진실성. 진정성. 이것들은 목회자에게 선택적인 가치가 아니다. 당신의 온전한 모습(persona), 당신의 주요한 장점(selling point)은 당신이 사람들과 '진짜' 함께한다는 점이다. 어떤 목회자도 자신이 가짜로 알려지기를 원하지 않는다. 이러한 기대에 더해 당신의 설교는 복음 중심적이어야 하고, 예수님께 초점을 둬야 하고, 주일마다 성령님의 불이 임해야 한다. 그리고 주일 아침에만 그래야 하는 것이 아니다. 사람들은 당신이 주일 학교에서 가르치든, 소그룹을 인도하든, 상담을 하든, 지혜롭고 마음을 꿰뚫는 말로 영혼이 죄를 깨닫도록 하여 자신들의 관심을 사로잡고 마음을 변화시켜 주리라 기대한다.

하지만 사실은, 매주 사람들이 당신에게 바라는 그러한 기대와 당신의 최근 영적 상태가 언제나 완전히 상응하지 않는다. 목회자들은 그들이 진짜 **그리스도인**이라는 의미에서는 언제나 '진짜'이며, 그렇기에 성화 과정에 있는 진짜 죄인들이기도 하다. 진짜 그리스도인들은 하나님과 생기 넘치는 관계를 맺기 위해서 때때로 진짜로 몸부림칠 것이다.

내면의 전쟁

나는 사 년 전쯤 이러한 힘겨운 싸움을 했다. 미주리주 퍼거슨에서 소수인종과 법 집행에 관한 사건, 뉴욕에서 에릭 가너와 관련한 사건(2014년 7월 뉴욕에서 백인 경찰 대니얼 팬털레오가 비무장한 흑인 남성 에릭 가너를 과잉 진압해 숨지게 하고, 같은 해 8월 퍼거슨에서 백인 경찰 대럴 윌슨이 18세 흑인 마이클 브라운을 총격 사망케 한 사건-편집자 주)이 발생했다. 나는 이와 유사한 사건들에 강력한 감정적 동요가 있었지만, 완전히 탐구할 여유는 없었다. 이를 두고 소셜 미디어상에서 벌어진 논쟁에 지쳤고, 은혜와 동감이 아닌 거친 말과 빈정거림에 좌절하고 있었다. 몇 주 동안 나는 피곤하고 진이 빠져 버린 느낌이었다. 나는 최선을 다해 사역의 의무를 다하려고 애썼지만, 다른 사람과 하나님에게서 멀어진 느낌을 받았다.

그리스도인의 삶을 묘사할 때 사용하는 심상들이 있다. 전투(엡 6:10-20; 딤후 2:3-4)나 긴 경주(고전 9:24-27; 히 12:1-2)와 유사하다고 하는데, 절대로 독단적이거나 과장된 말이 아니다. 하나님과의 관계는 어렵다. 그리고 관계를 유지하는 데도 고된 노력이 필요하다.

하나님과의 관계가 **어려운** 이유는 죄악된 세상에서 살아가며 우리를 얽어매는 죄들을 해결해야 하기 때문이다(히 12:1). 그래서 주님과의 관계는 모래가 깔린 해안을 맨발로 달리는 것 같은 느낌이다. 당신은 꽤 빨리 달릴 수 있을 것이다. 하지만 달리는 중에 계속해서 모래를 의식하게 된다. 모래가 당신의 다리와 발에 얼마나 끈덕지게 달라붙어서 발가락 사이에 쌓이는지를 의식하게 된다. 꾸준하게 속도를 유지하기 위해서는 얼마나 추가적인 노력이 필요한지 알게 된다. 당신은 속도를 늦추고, 심지어 멈추고 싶은 유혹을 받는다. 특별히 더운 시간대에 특별히 어려운 부분을 지난다면 더욱 그렇다.

하나님과의 관계는 어려운 일이다. 하나님과 건강한 동행을 이루는 일은 신속하게 드라이브 스루를 통해 해결할 수 있는 식의 관계를 거부하기 때문이다. 그렇게 하기 위해서는 정기적인, 끈질긴 기도 생활이 필요하다. 성경 본문에 대한 장기적인 묵상을 요구한다. 그리고 이러한 요구는 오늘날 우리 생활과 잘 맞지 않는다. 나는 순식간에 작동되고, 눈 깜빡하는 순간 엄지손가락에 반응하는 스마트폰을 가지고 있다. 내 주위의 모든 것은 속도, 효율성, 즉각성을 추구한다. 매주가 일정으로 가득하고 분주하기 때문에 이렇게 생각하게 되는 날이 많다. **그래, 물론 성경을 읽고 기도해야지. 특히 나는 목사니까 그건 가장 기본적인 업무야. 하지만 내게는 이 일을 할 시간이 단 오 분밖에 없어. 오 분 동안 그럭저럭 성경 읽기와 기도를 해치울 수 있을지 한번 봐야겠다.** 물론 이렇게 해서는 아무 효과가 없다. 한 사람과 매일 오 분만 보내는데 성숙한 관계가 이뤄지기란 불가능하다.

하지만 당신이 멈추지 않고 성경을 읽고 기도한다고 해 보자. 그래도 어렵다. 특별히 끊임없이 일어나는 의심, 두려움, 낙심, 어려운 일들을 대할 때는 더욱 그러하다. 당신은 외적으로 모든 옳은 일을 하고 있을지 모른다. 하지만 여전히 하나님은 꽝꽝 언 여러 겹의 얼음 안에 계시고, 당신은 버터 바르는 칼로 그것을 어떻게든 깨서 들어가려고 애쓰는 것 같은 느낌을 받는다.

전쟁은 주님께 속한 것이다

어떻게 해야 포기하지 않을 것인가? 어떻게 해야 계속 그 길을 갈 수 있을 것인가? 어떻게 해야 하나님과의 관계를 위해 계속해서 힘을 낼 수 있을 것인가? 인생에서 무엇을 추구하든 당신이 인내할 수 있는 방법은 있다. 힘든 상황에서도 그 일을 하고 싶은 동기가 충분하면 되는 일이다. 다행히도 주님은 태초부터 자기 백성이 자신과 관계를 누리도록 우리에게 동기를 주시는 일을 자신의 책임으로 지셨다. 어떻게? 끊임없이 하나님이 어떠하신 분인지, 그리고 하나님이 그 관계를 세우시고 유지하시기 위해 행하신 모든 일을 기억하게 하심으로 그렇게 하신다.

하나님과 하나님이 하신 일을 기억하기

출애굽기 12장에서 이스라엘 백성은 주님이 어떻게 애굽 사람을 심판하시고 자기 백성을 지키셨는지 정기적으로 기억하도록 매해 유월절에 참여하라는 명을 받는다.

여호수아 4장에서 이스라엘 백성은 요단강을 건넌 후에 길갈에 열두 비석을 세우도록 명령을 받는다. 강하고 놀라우신 하나님과 그들이 맺은 언약 관계를 정기적으로 기억하게 하는 것이었다. 하나님은 그들을 강과 바다에서 안전하게 이끌어 내신 분이다.

시편은 하나님의 백성에게 찬송가다. 그리고 이 찬송가는 하나님이 누구신지, 하나님이 하신 일이 무엇인지 기억하게 하는 내용으로 가득하다(시 44:1-4; 81:10; 84:11-12; 91:1-2; 103:1, 8; 125:1-2). 실제로 시편 기자는 우리에게 단도직입적으로 주님을, 그리고 주님이 자기 백성을 위해 행하신 일을 기억하고 반추하라고 가르친다(시 84:8; 77:11; 111:2).

이 구절들은 우리가 주님이 구원하시고, 구속하시고, 약속을 지키시는 하나님이심을 보도록 격려한다. 이 구절들은 주님과의 관계가 어떠한 모습인지 가장 명확하게 포착한 사진과 같다. 즉 하나님이 어떻게 항상 자기 백성을 추구하시는지를 묘사하는 것이다.

물론 성경에는 그러한 예가 훨씬 많을 것이다. 그때나 지금이나 이러한 구절들은 하나님의 백성이 유익을 누리도록 기록된 것이다. 그런데 이스라엘처럼 오늘날 하나님의 백성도 주님이 주시는 유익들을 빠르게 잊는다. 그렇기에 우리의 마음을 소생시키는 방법은 핵심 성경 구절을 기도하는 마음으로 묵상하며 읽는 것이다.

나를 기억하여 이를 행하라

주님이 자신을 가리키시는 성경의 핵심적인 예이자 가장 구체적인 방법은 주의 만찬이다. 주의 만찬은 정기적으로 우리에게 우리가 하나님과 관계 맺고 있음을 상기시키는데, 하나님은 예수 그리스도 안에서 우리를 위해 자기 자신을 주셔서 우리가 자신과 영원히 복된 관계를 누리게 하신다.

사실, 우리가 주의 만찬을 실천하는 방법은 하나님과 누리는 이 영원한 관계가 그저 신학 명제를 지적으로 반복하는 일 위에 세워진 것이 아니라는 사실을 보게 한다. 하나님이 우리 안에 '근육 기억'(muscle memory)으로 만드신 떡과 잔은 그분과의 관계가 참으로 어떤 '느낌'인지를 우리가 새롭게 인지하도록 만든다.

예수님 안에서, 구원하시고 구속하시고 약속을 지키시는 하나님이 완전히 보인다. 우리가 주님이 우리를 구원하신 방법, 주님의 사역을 통해 우리를 성화하신 방법을 더 많이 보고 더 많이 기억할수록 그분을 더욱 추구하고 성숙한 관계를 맺기 위해 애써야겠다는 열망이 커져 간다.

두 가지 필수적인 습관

두 가지 추가적인, 필수 수단을 통해 경건한 삶을 살 수 있게 하는 연료를 더할 수 있다.

1. **다른 경건한 신자들과 시간 보내기** 나는 매달 열리는 기도 모임에 참석한다. 그렇게 함으로 내 사역에 엄청난 도움을 받는다. 영적으로 건강한 신자들과 함께 기도하는 일은 어떤 의미에서 그들이 드리는 간구의 날개 위에 얹혀 가는 것이기에 본인의 기도 생활에도 도움을 받을 수 있다. 이는 공동 기도 시간에도 마찬가지다. 하나님을 함께 예배하는 자리에서 동료 신자들이 드리는 기도를 듣는 것은 그 주에 개인적으로 하나님을 예배하고 싶은 열망을 일으키는 유용한 방식이다. 이는 당연한 일이다.

다른 신자들과 함께하는 교제 역시 결정적이다. 따뜻한 포옹, 사랑으로 전하는 진리의 말, 하나님이 삶에서 계속해서 역사하고 계신다는 희망 넘치는 이야기들, 음식과 웃음을 아낌없이 나누는 일 등, 신자들과 교제를 나누는 이러한 경험은 믿음의 행보에 힘을 더할 것이다. 기억하라. 주님과 관계를 맺은 사람이 당신만 있는 것이 아니다. 그리스도인에게 경험된 많은 사람의 모임, 특히 교회 모임을 통해 우리는 믿음 가운데 돌봄을 받고 성장할 수 있다(고전 12:7, 27; 히 10:25).

2. **삶과 예배로 하나님이 매일 주시는 은혜를 활용하기** 영적인 메마름을 느낄 때 규칙적인 기도와 성경 읽기에 여러 가지 습관을 더한다면 우리를 새롭게 할 수 있다. 예를 들어 보겠다.

규칙적인 쉼 우리가 안식일을 구약 시대에 준수했던 그대로 지키지는 않는다고 하더라도, 안식일이라는 존재는 규칙적으로 쉬는 시간이 주님과 우리의 관계에 필수적이라는 사실을 전한다.

하나님의 창조세계 경험하기 "하늘이 하나님의 영광을 선포하고"(시 19:1), 하나님의 "영원하신 능력과 신성"이 창조세계에 보인다면(롬 1:20), 자연에 머무는 시간은 하나님의 아름다움과 선하심을 경험하는 강력한 방법이 될 수 있다.

다른 믿는 사람들과 노래하기 음악은 우리의 지성과 감성을 동시에 만질 수 있는 독특한 능력이 있다. 믿는 사람들과 함께 복음에 집중하는 가사로 된 노래를 부르는 일은 하나님과의 관계에서 우리 자신을 더 잘 이해하는 직접적인 방법이 된다(골 3:16).

다른 사람 섬기기 하나님이 우리가 다른 사람을 섬기도록 준비시키신다는 것이 사실이라면, 겸손한 섬김은 우리의 삶에서 하나님의 임재를 더 풍성하게 느끼는 방법이 될 것이다(벧전 4:10). 하나님의 은혜를 경험하는 최고의 방법은 다른 이에게 하나님의 자비를 전하는 도구가 되는 것이다. 우리가 주님 안에서 누리는 가장 큰 즐거움은 다른 이의 유익을 위해 일하는 시간에서 오는 경우가 잦다. 이러한 행위를 통해 그리스도 안에서 우리를 향하신 하나님의 사랑을 본받는 것이기에 이 사실은 놀랍지 않다.

하나님의 말씀 선포와 가르침 듣기 목회자들은 하나님의 말씀을 다른 사람들에게 선포하고 가르치는 일에 많은 시간을 들인다. 그렇지만 다른 이의 설교와 가르침을 받음으로써 유익을 누릴 수 있다. 하나님이 우리 교회의 다른 사람들에게 주신 설교와 가르침의 은사에 자주 의지한다면 좋을 것이다. 사람들이 앉아서 우리가 전하는 성경의 교훈을 받을 때 하나님이 일하신다면, 우리도 다른 설교자와 교사들에게서 성경의 교훈을 받을 기회를 확보해야 한다.

지속되는 전쟁

하나님과의 관계가 저절로 생기는 것이 아니기에, 우리는 그 관계를 위해 반드시 싸워야 한다. 목회자는 더욱 그러하다. 절대로 우리가 목회자로서 하는 어떤 일 때문에 주님과 바른 관계에 있다고 가정하지 말라. 오히려 우리 마음을 날마다 새롭게 깨우쳐야 한다고 생각하라. 실제로 우리를 향해 전쟁을 일으키는 대적이 많다. 우리의 관심을 빼앗는 일, 어려운 일, 실망할 일이 많다. 그 외에 훨씬 많은 것들 때문에 이러한 싸움은 배로 어렵게 보인다.

하지만 감사하게도, 주님이 이미 우리와의 관계를 위해 힘써 싸우셨다. 십자가에서 죽으실 정도로 말이다. 그리고 다행히, 그분은 이기셨다! 따라서 주님이 이미 가까이 계시고, 당신의 마음을 믿음과 소망과 사랑으로 가득 채우실 준비가 되어 있으시다는 사실을 알고 오늘 주님을 찾으라.

여호와께서는 자기에게 간구하는 모든 자

곧 진실하게 간구하는 모든 자에게 가까이 하시는도다

그는 자기를 경외하는 자들의 소원을 이루시며

또 그들의 부르짖음을 들으사 구원하시리로다(시 145:18-19)

12.
목자가 되기까지 걸리는 시간

데일 반 다이크
하베스트 교회 목사

누군가가 내게 회중을 목회하는 것이 낙농업을 하는 것과 많이 유사하다고 설명해 줬다면 큰 도움이 됐을 것이다.

나는 웨스트 미시간에 위치한 가족 소유의 작은 목장에서 자랐다. 다른 말로 하자면 육십 마리의 홀스타인과 그 새끼들과 친밀한 관계에 있었다는 뜻이다. 나는 모든 소의 이름과 고유한 무늬 및 특징들을 알았다. 하루에 두 번씩 젖을 짜고, 소들이 아플 때는 돌봐 주고, 담을 넘으면 따라가고, 악의적인 발차기를 당해도 그 부당함을 인내하며, 때 이른 죽음을 애도하기도 했다.

그리고 우리는 소들을 먹였다. 그것도 날마다 하루에 두 번씩 말이다. 또 소를 먹이지 않고 있을 때는, 소들을 먹이기 위해 씨를 뿌리고, 경작하고, 수확하고, 저장하는 일을 했다. 그 대가로 소들은 우리에게 매일 우유라는 선물을 줬다. 엄청난 양의 거품이 일어나는, 크림 같은 하얀 과즙이었다.

어렵게 배운 비결

회중을 목양하는 것도 많은 부분 그러하다. 친밀한 지식, 치열한 노동, 때때로 입는 멍 자국, 끊임없이 먹이를 주는 일을 수반한다. 이 모든 일은 "열매를 많이" 맺어 아버지께 영광을 돌리기 위함이다(요 15:8). 하지만 그 대상이 가축이든, 새이든, 사람이든 목양에는 한 가지 비결이 있다. 즉 없어서는 안 되는 하나의 요소인데, 바로 신뢰다. 그들은 당신을 신뢰하기 전까지 당신을 자기 영역 안에 들이지 않을 것이다.

나는 이 교훈을 어렵게 배웠다. 사실은 도시에서 온 내 친구가 배운 것이기는 하지만 말이다. 둘 다 열 살쯤이었던 것 같은데, 그 친구는 내가 돌보던 커다란 동물들을 두려워했다. 그래서 나는 동물들이 실제로 얼마나 안전한지 보여 주기로 했다. 소들은 칸막이 말뚝을 따라 나란히 서 있었기 때문에 소들의 배 아래로 일종의 통로가 만들어졌다. 나는 형과 함께 이 홀스타인으로 만들어진 복도를 지나 헛간 내내 기어가는 놀이를 했다. 우리가 하는 것을 보더니 내 친구도 시도했다. 그리고 그 줄 세 번째에 있던 소가 발차기로 친구를 거부할 때 나는 충격을 받았다! 그 소는 나를 알았기 때문에 내가 있어도 편안했다. 하지만 이 이방인(요 10:5 참고)은 알지도 못하고 믿지도 못했기 때문에, 신뢰할 수 없다는 사실을 그렇게 알려 준 것이다.

나는 좋은 사람들이 주님의 양들에게 심한 상처를 입는 모습을 봐 왔다. 신뢰라는 필수적인 요소를 먼저 얻지 못한 채 밀고 나갔기 때문이다. 신뢰는 타협할 수 없는 필수사항이다.

하지만 초임 목회자는 독특한 도전을 맞고 있다. 당신이 회중뿐 아니라 사역 자체에 처음이라면 어떻게 양 떼의 신뢰를 얻을 수 있겠는가? 당신의 능력에 관해 그들이 의구심을 품고 있다는 사실을 비밀스럽게 알게 되었다면 어떻게 그들에게 신뢰감을 심어 줄 수 있겠는가?

신뢰를 쌓는 법

여기 내가 그동안 배운 네 가지가 있다.

1. 인내하라

젊은 목회자들은 열심인 경향이 있다. 무언가 다른 것을 만들어 내는 데 열심이고, 교회가 앞으로 나아가는 모습을 열렬히 보려고 한다. 하지만 목양은 농사와 마찬가지로 인내가 필요하다. 막 씨를 뿌린 밭은 첫해에 생산량이 많지 않고, 새로 태어난 송아지는 거의 두 해 동안은 새끼를 낳을 수 없으며, 새로 심은 사과나무도 열매 맺는 데 육 년에서 십 년은 걸린다!

신뢰는 치아 펫(Chia-pet, 물을 주면 식물이 자라나 동물 머리처럼 보이게 되는 장난감-역자 주)이 아니다! 물만 살짝 뿌려 주면 기적을 보는 것이 아니란 말이다. 신뢰가 자라는 데는 시간이 걸린다. 우리가 할 수 있는 최고의 일은 인내하면서 신뢰가 뿌리를 내릴 수 있도록 좋은 토양을 공급하는 것이다. 나는 바울이 고전인 '젊은 목회자에게 보내는 글'에서 젊은 디모데를 상담하면서 다음과 같이 말한 이유가 바로 그러하다고 생각한다. "누구든지 네 연소함을 업신여기지 못하게 하고 오직 말과 행실과 사랑과 믿음과 정절에 있어서 믿는 자에게 본이 되어"(딤전 4:12).

디모데는 험지에 있었다. 우리의 젊음-숭배 문화와 완전히 대조적으로 디모데는 나이를 숭상하고 경험을 신뢰하는 문화에서 사역하고 있었다. 그의 '젊음'(주석가들은 그가 삼십오 세에서 사십 세 사이일 것으로 본다)은 회중의 눈에 심각한 걸림돌이었을 것이다. 분명히 마뜩하지 못한 얼굴이 보이고 로비 구석에서는 중얼거리는 소리도 들렸을 것이다. "이 소심한 **젊은이**를 에베소와 같이 심각한 이교도 도시에 목자로 임명하다니 바울은 도대체 무슨 생각인 건가? 우리에게는 남자 중의 남자, 진정한 지도자가 필요하다고!" 가엾은 디모데, 그는 자신을 부른 적도 없고, 신뢰하지도 않는 양 떼를 목양하고 있었다. 그의 회중은 디모데가 감당하지 못할 일을 하고 있다고 생각했다.

바울이 이 젊은이에게 "네 연소함을 업신여기는 자들을 꾸짖으라"고 지시하지 않았다는 점을 알아야 한다. 디모데전서 4장 12절을 종종 회중을 바로잡아야 한다는 내용으로 이해하지만, 사실은 젊은 목회자를 가르치려는 의도이다. 바울은 **디모데**에게 무언가를 하라고 말하고 있지 회중에게 무언가를 삼가라고 말하지 않는다. 디모데가 자신의 나이나 회중의 문화적 신념을 바꿀 수는 없었다. 하지만 그는 자신의 양 떼가 불신이라는 장애물을 극복하는 일을 돕도록 부름받았다.

어떻게? 자신의 모든 삶에서 그들에게 본을 보임으로 말이다.

디모데의 목회 권위가 진짜임을 증명하는 표식은 그가 받은 신학 훈련이나, 사도에게서 받은 권한(이는 분명히 제시하고 싶은 카드였을 것이다)에서 나오는 것이 아니었다. 오히려 그의 사역에서는 그의 말과 행동과 사랑과 믿음과 정결함이 '기사와 표적'이 되어야 했다. 디모데는 적절한 존경심이 부족한 회중에 절망하는 대신 그들 앞에서 의도적으로 하나님을 공경하는 삶, 성령의 능력을 받은 삶,

그리스도를 높이는 삶을 살아감으로 신뢰의 땅을 경작해야 했다. 그는 문화적 신념 앞에 무능하지 않았다. 그에게는 특별하면서도 실용적인, 강력한 무언가가 있었다. 복음으로 흠뻑 젖은 신앙과 순결과 사랑의 삶이야말로 신뢰를 쌓는 도구였다.

젊은 목회자들은 자신이 어떻게 **받아들여지고**(received) 있는지를 생각하는 데 시간을 덜 쓰고, 자신이 어떻게 **인식되고**(perceived) 있는지를 생각하는 데 시간을 더 쓴다면 자신과 회중에게 많은 슬픔을 덜게 될 것이다. 사람들은 당신의 삶에서 복음의 사역을 입증하는 어떠한 표식을 보고 있는가? 하나님의 사람들은 우리의 학위가 아닌 태도에서 우리의 소명을 봐야 한다. 당신의 양 떼 앞에 본을 보임으로써 그들이 두려움을 극복하는 데 도움을 줄 수 있고, 그들의 신뢰도 얻을 수 있다.

이렇게 하는 데는 시간이 걸린다. 그 시간을 활용하여 복음으로 인한 겸손함이 명명백백하게 드러나게 하라.

2. 겸손하라

바울의 편지를 보면 그리스도의 종에게 기본적으로 요구되는 것은 그리스도를 닮은 겸손한 마음임이 분명하다(엡 4:2; 빌 2:3 이하 참고). 젊은 목회자들이여, 겸손을 옷 입기를 간구한다(골 3:12). 신뢰의 원예학에서 이 점은 절대적으로 필요하다. 그리고 비판에 직면했을 때 복음으로 인한 겸손함을 가장 잘 입증하는 것은 배우겠다는 마음 자세다.

이는 직관에 반대된다. 하지만 당신의 사역 초기에 비판은 엄청난 기회다. 비판은 당신이 기꺼이 배우려는 사람이며, 비판이 전부 당신 개인에 관한 것이 아님을 깨닫고 있음과 당신이 모든 것을 아는 것이 아님을 보여 주고, 비판과 불평도 받아들일 수 있는 사람임을 보여 주는 독특한 기회다. 당신이 비판에 언제나 동의해야 한다는 뜻은 아니다. 앞으로 오랜 기간에 걸쳐 당신은 어떤 우려에 귀를 기울여야 할지, 어떤 우려는 무시하는 것이 최선인지 아는 감각을 개발하게 될 것이다. 젊은 목회자들은 그러한 우려에 대해 폭넓게 그리고 겸손하게 듣는 일에 최선을 다해야 한다. 비판적이고 분노한 양이라도 옳을 수 있다.

어느 가을날 오후에 앤 매퀸이라는 여성과 차를 마셨던 기억이 난다. 그는 나이 지긋한 상류층 여인이었는데, 전형적인 스코틀랜드인으로서 무서울 정도로 엄격했고 신학자 존 머리와도 오랜 친구였다. 완벽하게 자리 잡은 돋보기 너머로 나를 엄숙하게 응시하더니, 찻잔을 들고서는 무뚝뚝하면서도 아름다운 억양으로 이렇게 말했다. "당신은 바쁜 청년 같아 보입니다."

그 말은 칭찬이 아니었다.

회중 대부분은 내 설교를 인정했고 또 그렇다고 말해 주기도 했다. 하지만 나는 내 목양 방식에 관해 우려가 있다는 사실을 알고 있었다. 몇몇은 내가 부족한 목회자라면서 교회를 떠났다. '교인들의 이야기를 듣는 일과 상담에 서투르다'는 것이었다. 나는 이러한 우려 때문에 꽤 슬펐지만, 솔직히 그분들이 틀렸다고 할 수도 없었다. 하지만 내 연약함에 대해 솔직하고 겸손하게 대처했던 것이 오히려 회중에게 도움이 되었고, 그 덕에 완벽하지는 않아도 효과적으로 사역할 수 있었다.

몇 년 후, 나는 그 여인에게 깊은 상처를 주는 일을 저질렀다. 그분이 상처를 받았다는 이야기도 전해 들었다. 그녀가 병중에 있을 때 교회 예배 시간에 기도하지 않았다는 것이었다. 그분은 독선적으로 성을 내며 예배에 오지 않았다. 나는 과잉반응이라고 생각했고. 나에게 먼저 말하지 않고 다른 교인들에게 분노를 표출했다는 점도 이해할 수 없었다. 하지만 나는 겸손하기로 작정했다. 나는 진심으로 편지를 써서 내가 놓친 점을 솔직하게 인정했고, 큰 상처가 되었을 것이라고 자인하면서 용서를 구했다. 나는 주님을 높여 드렸다고 확신하며 우편함에 편지를 뒀다. 며칠 후 그분은 나를 자기 집에 초대했다. 그리고 눈물을 흘리며 편지에 감사하면서 나를 용서했다. 그녀는 그렇게 반응하리라 전혀 기대하지 못했기에 크게 감동받은 것이었다. 몇 년 후에 나는 그녀의 장례를 인도했다. 그녀의 요청을 따른 것이었다. 나는 마침내 그녀의 신뢰를 얻은 것이다.

3. 하나님 말씀의 권위로 목회하라

나는 바울이 디모데의 연소함에 대해 가르치면서 말씀을 전하라는 명령으로 시작하고 맺는다는 사실이 참 좋다.

너는 이것들을 명하고 가르치라(딤전 4:11)

내가 이를 때까지 읽는 것과 권하는 것과 가르치는 것에 전념하라 (딤전 4:13)

복음 사역자가 되는 일의 가장 놀라운 점은 하나님의 말씀이 중요하지, 미숙한 목회자인 당신이 중요한 것이 아니라는 사실이다. 당신은 아직 어리고, 검증되지 않았고, 회중의 신임을 받지 못했다. 하지만 그들에게 '하나님의 바로 그 말씀'을 전달할 수 있으니 얼마나 큰 기쁨인가. 말씀에는 고유하고 완전무결하며 흔들리지 않는 권위가 있으며, 당신은 그 말씀이 절대로 실패하지 않음을 양 떼에게 확약할 수 있다. 당신이 자신을 잊고 하나님의 무오하고 무류하며 전적으로 충분한 말씀을 즐겁게 선포할 때 당신의 사역은 신적 권위로 옷 입게 될 것이다.

당신은 디모데처럼 소심할지 모른다. 하지만 하나님의 말씀은 강력하고 역동적이다. 관절과 골수를 쪼갤 수 있다(히 4:12). 교훈과 책망과 바르게 함과 의로 교육하기에 유익하다(딤후 3:16). 헤르만 바빙크(Herman Bavinck)가 지적했듯이, 성경은 그저 '하나님이 생기를 불어넣어 주셨던'(God-breathed) 것이 아니라 '하나님이 생기를 불어넣어 주고 계신'(God-breathing)[10] 것이다. 당신의 경험 부족은 하나님의 능력과 목적에 아무런 장애물이 되지 못한다!

나는 내 생애에 가장 두려웠던 심방을 잘 기억하고 있다. 우리 교회의 중년 남성인 론이 거의 몇 달간 교회에 나오지 않고 있었다. 오랜 기간 남편에게 시달렸던 아내는 그가 술을 심하게 마시고 계속 화를 내고 있다고 밝혔다. 론은 이십 대 후반에 극적으로 회심하기 전까지 엄청나게 술을 마시고 행패를 부리던 이방인이었다. 하지만 우리 교회에 출석한 몇 년 동안 엄청난 그리스도인이 되었다. 예배를 기뻐하고 성경과 마틴 로이드존스의 주석을 열심히 읽어 댔다. 하지만 몇몇 실망과 영적 무관심으로 인해 옛적의 죄악된 습관에 무방비 상태가 됐다. 범죄한 일이 드러난 것이다(갈 6:1). 그리고 우리는 그를 회복시켜야 했다. 하지만 나는 두려웠다. 얼굴에 주먹질을 당하는 것도 충분히 가능한 일이었다.

론이 합리적으로 행동하도록 설득하기 위해 나는 이백십 센티미터의 네덜란드인 장로님을 데려갔다. 우리 둘은 잘못을 범하고 있는 이 양의 식탁에 앉았다. 오래지 않아 론은 우리가 우려하는 내용에 격렬하게 항의하며 자신의 죄악된 행위들을 변명하기 시작했

---

10) Herman Bavinck, *Reformed Dogmatics*, ed. John Bolt, trans. John Vriend, vol. 1, *Prolegomena*(Grand Rapids, MI: Baker Academic, 2003), 385.

다. 하지만 나는 식탁에 성경을 펴고 하나님의 은혜로 자기를 정당화하는 모든 주장과 책임을 회피하는 모든 책략에 하나님 말씀에서 정확한 구절들을 찾아 답변할 수 있었다. 론이 여전히 죄의 자각을 피하려는 헛된 시도에 완전히 몰두해 있을 때 하나님이 마음에 주시는 구절들을 폈다. 그는 마침내 식탁을 주방으로 내려치고 욕을 하며 일어나더니 방을 나갔다. 장로님과 나는 앉아서 서로를 쳐다보며 이제 어떻게 되는 건가 생각했다. 그가 돌아올 것인가? 야구 방망이를 가져오고 있는 것은 아닌가?

나는 그다음에 일어난 일을 절대 잊지 못할 것이다. 론은 식탁으로 오더니 의자에 쓰러지듯 앉아 울기 시작했다. 흐느끼면서 그는 간신히 이렇게 말했다. "목사님 말씀이 옳다는 사실을 알아요. 죄송합니다. 나는 말씀에 반박할 수 없어요. 나는 회개해야 해요." 그리고 그렇게 했다. 엄청나게. 삼 년 후 그는 암으로 죽었다. 완벽한 평안 가운데 말이다.

말씀이 그 모든 일을 한 것이다.

말씀은 당신이 전혀 준비되지 못한 과업에도 충분하다. 젊은 목회자로서 나는 종종 '내 이해 밖의'(over my head) 상황에 처했다. 나는 완전히 내 한계를 넘어선 위기들과 상황들을 마주쳤다. 나는 자녀를 잃은 부모의 고통, 배신당한 배우자의 비참함, 암을 발견했을 때의 충격, 우울증과의 고된 싸움, 장애 아동의 어려움을 이해할 길이 없었다. 내가 어떻게 무언가 의미 있고 진정성 있는 이야기를 하겠는가? 하지만 그럼에도 불구하고 우리 회중은 분명히 내게 그것을 원하고 있었다. 위기에 처한 교인이 가장 먼저 전화를 거는 사람은 목회자이며, 그들은 당신이 위로를 주리라 기대한다.

어느 추운 밤 새벽 한 시, 나는 눈이 몰아치는 도시 거리를 운전하며 이러한 긴박함을 강력하게 느낀 적이 있었다. 여덟 자녀를 둔 젊은 엄마가 집에서 막 사망한 것이다. 그것도 아무 예고 없이 말이다. 샐리는 가정의 든든한 반석이었고 우리 회중에서도 특히 활기찬 교인이었다. 그런데 이제 나는 장로님과 함께 비탄에 빠진 가족을 위로하기 위해 지독히 추운 밤, 그의 집을 향해 운전하고 있었다. 전조등에 비친 눈송이들처럼 내 마음에도 질문들이 소용돌이쳤다. 왜 하나님은 이 일이 일어나도록 하셨는가? 나는 무어라고 말해야 하는가? 소중한 어머니가 바닥에 죽은 채 누워 있는데 도대체 어떻게 가족을 위로할 수 있는가? 누가 이 일에 충분한 자격이 있겠는가?

하지만 하나님의 말씀은 충분하다.

시신을 둔 위층으로 올라갔을 때 자녀들 몇몇이 모여 있었다. 우리는 애도했고, 나는 요한복음 11장을 읽었다. 그리고 우리는 부활이요 생명이신 예수님의 실체를 붙잡았다. 우리는 기도하며 샐리가 죽음에 승리했음을 선포했으며, 고인의 손을 붙잡으며 믿음으로 그리스도의 살아 있는 손을 굳게 쥐었다. 그런 후에 우리는 아래층으로 내려가 시편 121편을 읽었다.

내가 산을 향하여 눈을 들리라

나의 도움이 어디서 올까

나의 도움은 천지를 지으신 여호와에게서로다

이스라엘을 지키시는 이는

졸지도 아니하시고 주무시지도 아니하시리로다

여호와는 너를 지키시는 이시라(시 121:1-2, 4-5)

나도 그저 한 인간으로서는 그 가족에게 아무것도 줄 것이 없었다. 하지만 말씀을 열자 우리 사랑 많은 하늘 아버지께서 사랑하시는, 슬퍼하는 자녀들에게 말씀을 하셨다. 그러자 살아 계신 그리스도께서 현재의 마리아와 마르다들에게 죽음을 이기신 자신의 승리를 확신시켜 주셨다.

말씀은 당신과 당신의 회중에게 충분하다. 말씀을 가르치라. 말씀을 선포하라. 말씀을 기도하라. 당신의 회중은 조금도 거리낌 없이 당신을 신뢰하게 될 것이다.

4. 목자가 되라

당신의 회중은 당신이 목자처럼 행동할 때에 당신을 그들의 목자로 신뢰하게 될 것이다. 나는 교회가 정말로 신념에 가득 찬 사람들, 당대의 대의를 위해 두려워하지 않고 소신을 따라 살아가는 사람을 간절히 필요로 한다는 사실을 확신하며 신학교를 나왔다. 졸업식 때 어머니는 내게 한 문구를 사랑스럽게 바느질하셔서 액자로 주셨다. 보통은 마르틴 루터가 한 말로 생각하는데(아마도 그렇지는 않을 것이지만), 그 내용은 이렇다.

> 내가 가장 큰 소리로, 그리고 가장 명확한 해석으로 하나님의 모든 진리를 고백한다고 할지라도, 내가 아무리 담대하게 기독교를 고백한다고 할지라도, 세상과 마귀가 지금 공격하고 있는 그 작은 지점에서 회피한다면 나는 그리스도를 고백하는 것이 아니다. 전투가 치열한 곳에서 군사의 충성심이 증명된다. 모든 전투에 충성했어도 한 지점에서 움츠러든다면 도주한 것에 불과하고 불명예가 된다.[11]

나는 새로운 서재 벽에 이 문구를 걸어 두고 목회를 시작했다. 나는 나의 임무란 신학적인 엄정성을 지키고 논란이 되는 교리에 대해 기꺼이 강경한 기조를 유지하는 것으로 확신하며 목회를 시작했다.

실제로도 그렇다.

---

[11] 루터의 생각이 반영된 이 강력한 선언은 엘리자베스 런들 찰스(Elizabeth Rundle Charles)의 역사 소설 『쉰베르크 코타 가문의 연대기』(*Chronicles of the Schönberg Cotta Family* [New York: Thomas Nelson, 1864], 276)의 등장인물 프리츠가 한 말이다.

하지만 나는 곧 목회자가 된다는 것이 전투보다는 농사에 가깝다는 사실을 깨닫게 되었다. 그리스도께서 베드로에게 주신 명령은 "내 양을 먹이라"(요 21:17)였다. 늑대들이 나타날 것이고(행 20:29), 분명한 가르침과 신실한 경고로 양을 보호해야 한다. 하지만 평소에 양 무리는 대부분 그저 보살핌만 필요로 할 뿐이다. 즉 복음으로 먹이고 말씀의 물로 씻기고 복음의 약속으로 강건하게 해야 한다. 당신 회중에서 벌어지는 '전투들'은 최신 신학 논쟁과는 별로 상관이 없고 오히려 죄책감, 수치심, 슬픔, 무관심, 험담, 성, 일상적이면서도 파괴적인 불신앙과 관련이 있다. 당신에게는 전투 장비보다는 위로의 장비가 필요할 것이다.

목자가 되라. 양은 목자의 목소리를 안다. 당신이 선한 목자의 이름을 말할 때 당신의 목소리를 사랑하게 될 것이다.

13.
유명해지고 싶은 유혹

스캇 솔즈
크라이스트 장로교회 담임목사

네가 너를 위하여 큰 일을 찾느냐 그것을 찾지 말라(렘 45:5)

때로 하나님이 우리를 가장 사랑하시기에 하실 수 있는 일은 당신이 꿈꾸던 대상을 주신 후에 그것을 거둬 가시는 것이다.

꿈이 실현되다

2007년에 전화가 왔다. 그 당시 목회 사 년 차였던 나는 세인트 루이스에서 열정적이며 선교 지향적인 교회를 이끌고 있었다. 나는 지도자로서 성취감을 느끼고 있었다. 그리고 정기적으로 지역 교회 목사님 두 분을 만나고 있었다. 대린과 앤드루였는데, 우리는 형제처럼 지냈고 어떻게 함께 우리 도시를 꽃피게 할지 꿈꾸고 있었다. 나는 커버넌트 신학교에서 해석학(설교학)을 가르치게 되었는데 그것도 큰 즐거움이었다. 우리 딸들은 학교와 친구들을 좋아했고, 행복한 유년 시절을 보내고 있었다. 깊고 의미 있는 우정을 누리고 있었다. 게다가 할아버지 할머니는 삼 킬로미터 떨어진 근방에서 사셨고, 다른 친척들도 반나절만 운전하면 닿는 거리에 살고 계셨다. 우리의 뜻은 남은 생애 동안 이 장소에 머물면서, 이 사람들과 함께 이 일을 하는 것이었다.

그런데 뉴욕이 나를 불렀다.

나는 십 년 넘게 교회 개척자이자 목회자였다. 그런데 다른 사람을 전부 합친 것보다 뉴욕의 리디머 장로교회를 개척한 팀 켈러 목사님이 나의 설교와 목회와 사역에 더 많은 영향을 끼쳤다. 신학교 이래로, 나는 팀 켈러 목사님의 가르침과 비전과 리더십을 주의 깊게 연구했다. 이렇게 한 분만으로 이루어진 '교수진'으로부터 자기 주도적인 '원격 학습'을 하다 보니 도심 지역에서 하는 사역이 큰 매력으로 다가왔다.

팀 목사님은 리디머 교회의 상임 이사인 브루스 테럴을 통해 나에 관해서 들었다고 했다. 그들은 교회 내의 소그룹들로 이루어진 광대한 조직을 섬길 수석 지도자를 찾고 있었다. 그 역할에는 리더머 교회에서 교대로 설교할 가능성도 따라왔고, 설교와 목회 일을 잘한다면 팀 목사님의 최종 후임자가 될 수도 있었다.

거의 육 개월간 우리 가족이 뉴욕으로 이주해야 하는지를 두고 기도했고, 상담을 받았으며, 씨름했다. 그 결과, 패티와 나는 이 제의를 받아들였다. 그리고 거의 즉시 우리는 사실상 모든 것을 처분하고 맨해튼 어퍼웨스트사이드의 방 두 개, 화장실 하나인 팔십 제곱미터 아파트로 이사했다. 우리는 뉴욕, 리디머 교회, 하나님이 우리에게 주신 공동체와 사랑에 빠졌다. 소그룹 사역은 기록적인 참여율을 달성했고, 나는 설교 순번에도 올랐다. 사 년 동안 도시에서 장기 사역을 할 수 있도록 다듬어지고 훈련받은 후, 나는 선임 목회자와 최종 후계자 네 명 중 한 사람으로 선출되었다.

나는 선임 목사 위임예배에서 존 웨슬리의 유명한 '언약 기도'를 처음 들었다.

저는 더 이상 제 것이 아니라 당신의 것입니다. 당신이 뜻하신 일에 저를 두소서, 당신이 뜻하는 사람들에게 저를 두소서, 저를 해야 할 일에 처하게 하시고, 저를 고통에 처하게 하소서, 당신을 위해 채용되게 하시고, 당신을 위해 만사를 제쳐 두게 하시고, 당신을 위해 높아지게 하시고, 당신을 위해 낮아지게 하소서. 저를 충만하게 하시고, 저를 비워지게 하소서. 제가 모든 것을 갖게 하시고, **제게 아무것도 없게 하소서.** 저는 거리낌 없이 온 마음을 다해 모든 것을 당신의 처분에 맡깁니다. 이제 영광스럽고 복되신 하나님, 성부 성자 성령이시여, 당신은 저의 것이며, 저는 당신의 것입니다. 이대로 살 겠사오니, 이제 땅에서 맺어진 언약이 하늘에서도 인준되게 하소서. 아멘.[12]

그리고 모든 것이 변했다

그날 웨슬리의 기도문이 우리 네 사람 너머로 올려질 때만 해도, 나는 그 내용이 패티와 우리 딸들과 나에 대한 예언이었음을 깨닫지 못했다. 일 년도 안 되는 기간 내에 후계 계획이 바뀌었다. 시기, 지속 가능성, 전략과 관련된 여러 이유로 장로님들에게 네 교회로 잡았던 기존 계획을 세 교회로 조정해야 한다는 점이 분명해졌다. 따라서 네 명의 선임 목회자 겸 후계자도 세 명으로 바뀌었다. 누구도 이렇게 하리라 계획하지는 않았지만 슬프게도 그렇게 되었다. 팀 목사님과 장로님들은 처음에 결정한 선임 목회자들을 리디머의 미래로 남아 있게 하고자 여러 방법을 강구했지만, 많은 기도와 상담 후에 우리 중 한 명은 사임하게 되는 결과를 맞게 되

---

[12] John Wesley, *A Short History of the People Called Methodists*, in *The Complete Works of the Reverend John Wesley, A.M.*, 4th ed., vol. 13 (London: John Mason, 1841), 319. 현대화한 글이다.

었다. 그리고 그 사람은 바로 나였다. 상황만 보면 그렇게 하는 것이 옳은 일이었지만, 나에게는 엄청난 충격이었다. 나는 울었고, 패티도 울었으며, 자녀들도 울었고, 친구들도 울었다.

돌아보면 나는 하나님이 내가 꿈꾸던 도시에서 꿈꾸던 자리를 잠시 주셨다가 거둬 가신 여러 이유를 깨닫게 된다. 하나의 이유는 현재 내가 내슈빌의 크라이스트 장로교회에서 맡은 일이 단 사 년 만에 다른 도시들에서 맡은 역할들과 관련해 품었던 모든 꿈을 넘어선다는 점이다. 우리는 이제, 지금까지 상상할 수 있었던 것보다 훨씬 더 많이 내슈빌에서 **집에** 온 느낌을 받는다. 그리고 어떤 면에서 우리는 꿈꾸던 일을 '돌려받은' 셈이다. 그것도 훨씬 많이 말이다. 크라이스트 장로교회는 삼십 년 전에 팀 켈러과 아내 케이시를 뉴욕시로 보내 리디머 교회를 시작하도록 하는 데 중요한 역할을 한 것으로 드러났다. 그리고 이제 나는 그의 곁에서 오 년을 함께 섬기면서 그 비전에 더 깊은 영향을 받았고, 뉴욕에서 배운 소중한 것들을 내슈빌로 가져올 수 있었다. 모든 점에서 내슈빌은 우리가 떠난 도시의 형태로 되어 가고 있다.

심지어 「뉴욕타임스」는 창조적이고, 기업가 정신이 살아 있고, 문화를 만들어 내고, 도시화되고 있는 정도를 기준으로 내슈빌을 "세 번째 해안"(The Third Coast)이라고 언급했다. 이전에 '바이블 벨트의 버클'(buckle of the Bible Belt, 보수 기독교가 강세를 보이는 지역인 바이블 벨트의 핵심-역자 주)로 알려진 내슈빌은 신속하게 남부의 아테네가 되어

가고 있다. 부산하고, 활력 넘치는 도시로서 경계를 넘어 영향력을 미치는 도시가 된 것이다. 나는 이제 우리가 뉴욕을 떠나기 전에 팀 목사님과 마지막 아침 식사를 나누며 했던 말을 완전히 이해하고 있다. "스콧, 당신이 떠나야 한다니 슬픕니다. 하지만 여기에는 많은 의미가 있습니다. 당신은 내슈빌의 미래로**부터** 내슈빌을 **향해** 가고 있는 것입니다."

하나님의 야망이 나의 야망보다 낫다

웨슬리의 기도문을 살피다 보니, 뉴욕에서의 경험은 내가 나의 소유가 아닌 값을 주고 사신 바 된 존재라는 진리, 또한 내가 이해하든 못하든 나의 삶을 향한 하나님의 열망이 내 삶에 내가 품을 수 있는 그 어떤 야망보다도 크다는 진리를 절실히 깨닫게 해 주었다. 실제로 나의 삶, 나의 가족, 나의 사역에 하나님이 원하시는 대로 무엇이든 하시는 것이 하나님의 권리다.

"당신이 뜻하신 일에 저를 두소서. … 당신을 위해 채용되게 하시고, 당신을 위해 만사를 제쳐 두게 하소서."

존 웨슬리에게 감사하다. 고난받은 욥과 고난받으신 예수님께 감사하다. 나도 고백한다. "주신 이도 여호와시요 거두신 이도 여호와시오니 여호와의 이름이 찬송을 받으실지니이다"(욥 1:21). "내

원대로 마시옵고 아버지의 원대로 되기를 원하나이다"(눅 22:42).

또 뉴욕의 경험으로 야망의 본질에 대해 많은 것을 배웠다. 야망은 경건하고 순수할 수도 있지만 자기만을 섬기는 타락한 것일 수도 있다. 또 반면에 내가 주님을 기쁘게 하기 원하여 모든 것을 기꺼이 버리고 따랐던 베드로와 조금은 닮았다는 사실도 배웠다(마 19:27-29). 하지만 어떻게 보면 나는 마법사 시몬과 같은 면도 있었다. 그를 기억하는가? 시몬의 야망은 베드로나 바울의 야망과 달리 자기를 섬기는 것이었고 타락한 것이었다. 시몬은 예수님이 하나님의 영광을 위해 자신을 종으로 사용하시는 것에 관심이 없었다. 오히려 시몬은 예수님을 자신의 영광을 위한 종으로 삼아 사용하려고 했다.

> 시몬이 사도들의 안수로 성령 받는 것을 보고 돈을 드려 이르되 이 권능을 내게도 주어 누구든지 내가 안수하는 사람은 성령을 받게 하여 주소서 하니 베드로가 이르되 네가 하나님의 선물을 돈 주고 살 줄로 생각하였으니 네 은과 네가 함께 망할지어다(행 8:18-21)

나는 시몬과 내가 연결되는 점은 없기를 바랐다. 하지만 불행히도 그렇지 않았다. 어떤 면에서 뉴욕에 대한 나의 감정적 애착은 내 안에 있던 비슷한 마음을 드러냈다. 그리고 그 마음은 확실히 하나님 앞에서 바르지 **않았다.**

사임 바로 직전, 나는 삼 개월 이상 계속해서 감정적인 붕괴를 겪었다. 나는 그저 실망했던 것이 아니었다. 그랬다면 아마도 합당한 일이었을 것이다. 나는 완전히 망가졌다. 나는 그저 속상했던 것이 아니었다. 그랬다면 합당한 일이었을 것이다. 나는 완전히 꺾였다. 짓눌렸다. 밤에 잠을 이루지 못했다. 식욕도 잃었고, 몸무게도 십삼 킬로그램이 줄었다. 나는 불안하고 우울했다. 내가 진정으로 나의 **모든** 꿈과 야망을 하나님께 내려놓았다면, 그리고 나의 이야기를 써 내려가는 일은 내가 아니라 하나님께 속한 것임을 진정으로 믿었다면, 꿈꾸던 자리에서 벗어나는 일이 비록 매우 실망스럽기는 해도 이 정도로 나를 망가뜨리지는 못했을 것이다.

배우고 또 배워야 하는 두 가지 교훈

돌아보면 이 경험이 리디머 교회나 크라이스트 장로교회뿐 아니라 아내와 딸들과 나에게도 최선이었다고 믿는다. 이 말은 진리일 수밖에 없다. 하나님은 자기 자녀 누구라도 부당하게 대우하실 수 없기 때문이다. 만약 하나님이 우리에 관해 아시고 보시는 모든 것들에 우리가 똑같이 접근할 수 있다면, 하나님의 방식이 완벽히 이해될 것이다. 특히 나는 모든 지도자가 반드시 정기적으로 배우고 또 배워야 하는 두 가지 교훈에 대한 중요한 깨우침을 얻었다.

1. 우리의 실패와 실망은 우리 영혼의 상태를 드러낸다

주위 환경으로 내가 무너졌던 것은 적어도 부분적으로는 성공, 유명세, 이름을 날리고 싶은 욕망과 같이 내 마음에 오래 살아 있던 우상들 때문이었다. 티백에 뜨거운 물을 붓듯이 뉴욕에서의 일들이 내 안에 있는 추악한 야망을 드러낸 것이다. 국제적인 도시에서, 아이비리그 학위를 지니고 '중요한' 일을 하는, 누구나 아는 유명한 수천 명의 사람을 이끄는 일이 내게 의미를 부여하고, 내 존재의 이유를 제공하고, 사람들의 존경을 받게 한다고 믿은 것이다. 나는 예전에 도널드 밀러(Donald Miller)가 희극인 톰 아널드(Tom Arnold)에 관해 남긴 말에 공감한다.

> 나는 톰 아널드의 책 『육 년 동안 2.3킬로그램 뺀 법』(*How I Lost Five Pounds in Six Years*)에 관한 그의 인터뷰를 봤다. 인터뷰 진행자는 왜 이 책을 썼는지 물었고, 나는 아널드의 솔직함에 꽤 놀랐다. 이 희극인은 연예인들 대부분은 망가진 사람이라서 사람들의 인정을 바라기 때문에 연예업계에 종사하는 것이라고 했다. 실제로 톰 아널드는 이렇게 말했다. "제가 이 책을 쓴 이유는 사람들이 나를 좋아한다고 말해 줄 무언가를 내놓고 싶었기 때문입니다. 제가 하는 거의 모든 일의 배후에는 그러한 이유가 있습니다."[13]

---

[13] Donald Miller, *Searching for God Knows What* (Nashville: Thomas Nelson, 2010), 116.

'희극인'을 '목회자'로 바꾸고, '연예업계'를 '목회 사역'으로 바꿔 보라. 그러면 당신은 동일한 문제를 지닌 인물들을 만나게 된다. 그저 배경과 진로가 조금 다를 뿐이다. 희극과 사역(또는 예술, 사업, 기업가 정신, 육아, 의료, 교육, 정부 등)은 본질적으로 좋은 일이지만 사랑, 존경, 갈채, 인정에 대한 목마름을 해소하기 위해 거기에 의존하기 시작할 때 **망가진다**. 그런 목마름은 예수님만 채우실 수 있다. 우리는 하나님이 예수님을 통해서 보시므로 유명하다. 그것으로 족해야 한다.

이제 뉴욕에서의 경험도 수년이 지났고, 내 마음과 야망이 더 건강한 곳에 있기를 바란다. 나는 이야기의 주인공이 되려는, 또는 어떤 종류의 주인공이든 되려는 나의 무의식적인 열망이 사그라들기를 바란다. 나는 내 가장 깊은 열망이 점점 예수님은 더 많아지시고 나는 줄어드는 일이 되기를 바란다. 그래서 예수님이 내 이야기의 조역을 담당하시는 것이 아니라 내가 **그분의** 이야기에 보조자로서 그 역할에 깊이 만족하기를 바란다. 그리고 그다음으로 내 꿈과 야망이 무너지거나 멈추면 좋겠다. 확실히 어느 순간 그렇게 될 것이다. 나는 욥과 예수님이 그러했듯이 두 손을 벌려 모든 것을 더욱 하나님께 맡기게 될 것이고, 지혜로운 옛 찬송의 가사처럼 더욱 하나님을 신뢰하게 될 것이다.

내 하나님 정하신 것 무엇이든 옳으니

내가 설 자리는 바로 여기네

슬픔과 궁핍함과 죽음이 내 것이 될지라도

나 버림받은 것 아니네

내 아버지 어디서든 나를 돌보시고

날 붙드시기에 넘어지지 않으리

그러니 그분께 모든 것 맡기네[14]

이러한 종류의 신뢰는 실제로 어떤 모습으로 나타날까? 아마도 내 친구의 모습으로 나타날 것이다. 그 친구를 테드라고 하겠다. 그는 정직한 마음을 지녔는데, 오히려 그 정직한 마음 때문에 회사에서 쫓겨난 변호사다.

하루는 테드의 상사가 비밀리에 그를 호출했다. 그리고 그에게 자리를 지키고 싶으면 한 고객의 자산에 관한 진실을 조작해야 한다고 말했다. 그 상사는 "고객의 자산에 대한 사실이 주주들에게 드러나면 고객의 사업이 끝장나고, 나아가 이 고객으로부터 로펌에 흘러들어 오는 상당한 수입도 끝장날 것이다"라고 판단했다.

테드는 예수님에 대한 충성과 자신의 순전함을 지키기 위한 타협할 수 없는 신념으로 상사의 지시를 정중하게 거절했다. 그리고 신속하게 해고당했다. 하지만 그것이 다가 아니었다. 후에 밝혀졌

---

[14] Samuel Rodigast, "Whate'er My God Ordains Is Right," 1675; trans. Catherine Winkworth, 1863; alt. 1961.

지만, 상사가 비밀리에 잠재적인 미래의 고용주들에게 그를 비방하면서 채용을 막았던 것이다. 이 때문에 그는 이 년간 일을 할 수 없었고, 테드뿐 아니라 아내와 세 자녀도 깊은 고통을 받았다.

그 이 년 중 어느 시점엔가 예배 전에 테드를 만났다. 나는 농담조로 밖에 나가서 휘발유 몇 통과 성냥을 사서 전 상사 사무실부터 시작해 그 회사에 불을 지르면 어떻겠느냐고 물었다. 테드는 웃으면서도 진중한 태도로 내 눈을 똑바로 바라보며 절대 잊지 못할 두 마디를 내뱉었다. "보복은 안 됩니다."

우리가 압박을 받으면 우리 내면에 있는 것, 무엇이 되었든 거기 **항상** 있던 것이 나온다.

우리는 어떠한가? 우리의 꿈과 야망이 망했을 때, 영향력이나 명성 또는 꿈의 직장을 잃었을 때, 내 친구 테드처럼 부정의와 배신을 겪었을 때 우리 마음에서 무엇이 드러날 것인가? 우리의 마음은 '하나님 앞에 올바름'을 입증할 것인가? 예수님은 말씀하셨다. "인자가 올 때에 세상에서 믿음을 보겠느냐"(눅 18:8).

2. 우리의 성공과 성취는 보잘것없는 예수님 대체물이다

C. S. 루이스는 엄청난 말을 했다. "하늘을 목표로 하면 땅을 덤으로 얻는다. 땅을 목표로 하면 둘 다 얻지 못한다."[15]

---

15) C. S. Lewis, *Mere Christianity* (San Francisco: Harper, 2001), 134.

나는 '유명한' 도시에서 '유명한' 사람들 사이에서 목회하는 것이 내 우상이 되도록 허용하면서, 이 진리를 힘겹게 배웠다. **작은** 장소도 없고 **작은** 사람도 없다는 프랜시스 쉐퍼(Francis Schaeffer)의 말이 얼마나 옳은지 깨닫는다. 예수님은 나사렛이라는 작고 잘 알려지지 않은 동네를 출생지로 삼으시고, 지혜롭거나 권력이 있거나 신분이 고귀하지 않은 사람들을 통해 하나님 나라를 세우기로 하셨는데(고전 1:26), 어떻게 나는 그분의 이름으로 사역하면서도 다르게 행동하고 생각하고 믿었는가?

최근에 나는 루이스와 쉐퍼의 지혜를 더욱 즐겁게, 그리고 더욱 생생하게 배우기 시작했다. 내슈빌과 크라이스트 장로교회는 뉴욕과 리디머 교회와 다른 점보다는 유사한 점이 많고, 많은 사람이 우리의 현재 상황을 보며 '성공 이야기'라고 하겠지만, 성공에 대한 나의 관점이 바뀌었다.

나는 하나님의 은혜로 어느 때보다도 사역을 잘하고 있다. 우리가 도착한 이래로 하나님은 크라이스트 장로교회를 꽃피우셨다. 우리 교직원은 단결되어 있고 사기가 좋다. 장로 모임은 교회의 심각한 문제를 다룰 때도 미래 지향적이며, 즐겁고, 쾌활하고, 관계 중심적이다. 우리는 중요한 것을 전공으로 하고, 덜 중요한 것을 부전공으로 한다. 뉴욕의 리디머 교회처럼 우리 교회도 교회 자체에 투자하기보다는 도시와 세상에 투자한다. 우리는 우리 자신을 보존하는 데 집중하지 않고 그리스도인들이 이웃과 주위 문화와 사려 깊게 관계 맺도록 돕는 일에 집중한다. 우리는 그들이 신앙과 일을 통합하고 가난한 사람, 소외된 사람, 대접받지 못하는 사람, 즉 경계에 살아가고 있는 사람들을 고양하는 일에 의미 있는 공헌을 하고자 힘쓴다. 나는 지금껏 만난 누구보다도 가장 사랑스럽고, 관대하고, 생명을 나누는 놀라운 사람들을 목회하고 있고, 그들과 친구로 살아가는 특권을 누리고 있다.

이 모든 복을 생각할 때, 나는 예수님이 '성공'과 '영향력'이 최고조에 달했다고 생각했을 제자들에게 주신 경고에 충격을 받는다.

> 칠십 인이 기뻐하며 돌아와 이르되 주여 주의 이름이면 귀신들도 우리에게 항복하더이다 예수께서 이르시되 … 내가 너희에게 뱀과 전갈을 밟으며 원수의 모든 능력을 제어할 권능을 주었으니 너희를 해칠 자가 결코 없으리라 그러나 귀신들이 너희에게 항복하는 것으로 기뻐하지 말고 너희 이름이 하늘에 기록된 것으로 기뻐하라 하시니라(눅 10:17-20)

예수님의 제자들이 특수한 능력과 영향력과 성공의 소식을 전해 왔을 때, 예수님의 답변은 '기뻐하지 **말라**'였다.

하나님이 우리에게 한동안 성공을 주실 때, 즉 하나님이 우리 등 뒤로 바람을 불어 주시기로 하셨을 때는 당연히 그것을 누려야 한다. 하지만 거기에 안주하거나 의지하지 말아야 한다. 왜냐하면 이

땅의 성공은 어떤 형태이든지 하나님의 선물로 우리에게 온 것이고 잠깐 지나가는 것이기 때문이다. 우리 주님은 전채 요리로 축제를 대신하지 말며, 사과 하나로 과수원을 대신하지 말며, 표지판으로 표지판이 가리키는 목적지를 대신하지 말라고 말씀하신다.

이 점에 대해 루이스는 다시 극히 중요한 지혜를 전한다.

우리 주님은 우리의 열망이 너무 강하다고 보시지 않고, 오히려 너무 약하다고 보실 것 같다. 우리는 마음이 냉담한 피조물이다. 영원한 기쁨을 주셨는데도 술과 섹스, 야망이라는 장난감을 가지고 어리석은 짓을 한다. 마치 무지한 아이가 빈민굴에서 진흙 파이를 만드는 것과 같다. 바닷가에서 휴일을 보낼 수 있다는 것을 상상도 못한 채 말이다. 우리는 너무 쉽게 만족해 버린다.[16]

이러한 관점을 통해 자아를 섬기는 열망은 하나님의 형상으로 만들어진 인간 영혼의 방대함을 절대로 채울 수 없음을 깨달았다. 아우구스티누스가 말했듯이 주님은 자신을 위해 우리를 만드셨기 때문에 우리 마음은 주님 안에서 쉴 때까지 평안하지 않다.[17]

또한 루이스의 관점은 유명한 극작가인 테네시 윌리엄스(Tennessee Williams)가 "성공의 대재앙"(The Catastrophe of Success)이라고 일컬은 것

---

16) C. S. Lewis, *The Weight of Glory* (New York: HarperOne, 2015).
17) *Confessions* 1.1.1.

에서 우리를 보호한다. 윌리엄스는 일이 잘 풀리고, 영향력이 생기고, 지위가 오르고, 유명세를 타는 것 자체는 괜찮다고 본다. 하지만 그 무엇도 장기간 동안 우리를 지탱해 주지 못한다. 그는 초대작 브로드웨이 연극인 "유리 동물원"(The Glass Menagerie)을 발표한 뒤에 즉각적인 성공을 거두는데, 이를 반추하며 다음과 같이 썼다.

> 나는 실질적으로 완전히 잊힌 상태였다가 갑작스럽게 유명세를 타게 되었다…
> 나는 앉아서 내 주변을 둘러보았는데 갑자기 매우 우울해졌다…
> 나는 룸서비스로 살았는데, 이렇게 하는 데에도 환멸이 있었다…
> 나는 곧 내가 사람들에게 무관심해졌다는 사실을 깨달았다. 내 안에는 냉소주의의 원천이 솟구쳤다…
> 나는 사람들이 "당신 각본이 너무 좋아요!"라고 말하는 소리에 질려 더 이상 고맙다는 말도 할 수 없게 됐다… 나는 더 이상 각본 자체에 아무런 자부심도 느끼지 못했고 오히려 싫어하게 되었다. 아마도 다른 각본을 창조할 생명력이 전혀 없다고 느꼈기 때문일 테다.
> 나는 신을 신은 채로 죽은 듯이 서성댔다…
> 그렇다면 당신도 알 것이다. 당신에게 '이름이 있을 때' 공적인 누군가로서의 당신은 거울로 만들어진 허구라는 사실을 말이다.[18]

---

[18] Tennessee Williams, "The Catastrophe of Success," in *The Glass Menagerie* (New York: New Directions, 1945, 1999), 99-101, 104.

예수님만이 소망 없는 죄인들에게 선을 행하실 수 있다

테너시 윌리엄스의 이야기뿐 아니라 무지개의 끝에 도달했지만, 결국 거기에는 보물상자가 없었다는 실망스러운 결말을 경험한 모든 사람의 이야기는 사람의 마음에 보편적인 진리를 확인시켜 준다. 즉 정사와 평강이 무궁하신 예수님만이(사 9:7) 우리를 지탱할 수 있다는 것이다. 자신의 부활로 자신이 현재와 미래에 영원히 만물을 새롭게 하심을 확신시켜 주시는 예수님만이 우리의 가장 깊은 열망을 채우시고, "그 이후 영원히 행복하게 살았답니다"를 이루어 주실 수 있다.

오직 예수님만이 모든 슬픈 것이 현실이 되지 않게 하실 수 있다.[19] 오직 예수님만이 "모든 장이 이전 장보다 나은"[20] 미래를 보장하실 수 있다.

오직 예수님만이 우리에게 독수리가 날개 치며 올라가는 힘과 영광을 주실 수 있다(사 40:31). 오직 모든 이름보다 뛰어나신 이름을 지니시고, 모든 무릎이 그 이름 앞에 꿇을 예수님만이 우리에게 영원히 있을 이름을 주실 수 있다(빌 2:9-10).

그렇다면 **그분의** 이름을 중시하는 것이 우리의 이름을 내는 것보다 훨씬 우월한 야망이다. 예수님을 떠나서는 가장 야망 있고,

---

[19] 『왕의 귀환』(*The Return of the King*) 마지막 부분의 J. R. R. 톨킨의 말을 반영했다.
[20] 『마지막 전투』(*The Last Battle*) 결말 부분의 C. S. 루이스의 말을 빌렸다.

가장 성공하고, 가장 강한 사람일지라도 안개처럼 사라질 것이다.

> 이 백성은 실로 풀이로다
> 풀은 마르고 꽃은 시드나
> 우리 하나님의 말씀은 영원히 서리라(사 40:7-8)

이것으로도 우리의 야망에 대한 건강하고 겸손한 관점을 주기에 충분하지 않다면 아마 앤 라모트(Anne Lamott)의 이 말은 어떠할까? "백 년이 지나면? 전부 새 사람이다."[21]

---

21) Anne Lamott, *All New People: A Novel*(Berkeley, CA: Counterpoint, 1989), 117.

14.
오랜 시간 알 수 있는 기쁨

필 A. 뉴턴
사우스 우즈 침례교회 담임목사

우리 세대는 사다리를 잘 안다. 하지만 뿌리는 잘 알지 못한다.

내가 나온 대학 출신 목회자 모임이나 신학교 모임에서는 한 교회에 뿌리를 내리고 오랫동안 거기에 머무는 일에 대해서는 거의 이야기하지 않는다. 우리는 주로 사다리를 오르는 이야기를 했다. 더 크고, 더 유명한 목회 자리를 차지하려면 어디에서 사역을 해야 하나? 목회 성공의 사다리를 오르려면 몇 년이 더 필요한가?

나도 안다. 꽤 세속적이다.

내 친구와 나는 강단 교류나 청소년 사역을 했지만, 목회 사역의 충격적인 현실에 대해서는 아는 바가 많지 않다. 목양보다는 설교에 관해 더 많이 알았다. 나에게는 배울 것이 많았다. 신학교에서는 학문에 집중했기 때문에 깊이 뿌리내릴 때 발견되는 기쁨에 대해서는 배우지 못했다.

그렇게 학업을 마친 지 이십오 년이 지나고, 현재의 목회지에 들어선 지 십오 년이 되었을 때 누군가가 물었다. "사우스 우즈 교회에 얼마나 오래 계실 계획이세요?" 그 질문에 별로 생각해 보지 않았기 때문에 나는 말을 흐렸다. "제 남은 사역 내내 있어야겠죠." 둘러대고 나서는 마음이 고민스러웠다. 그렇게 오래 머무르는 일은 내가 젊었을 때 품었던 고지식한 생각과는 어긋났기 때문이다. 하지만 지금에 이르고 보니 그렇게 머무르는 일이 참 만족스러웠다는 점을 깨닫는다. 내가 멤피스의 사우스 우즈 침례교회에 온 이후의 모든 과정과 앞으로 남은 길을 합쳐 본다면 회중을 섬겼던 삼십 년은 헤아릴 수 없는 기쁨이었다. 그 시간 내내 나는 영속적인 뿌리를 내리는 기쁨에 대해 몇 가지 교훈을 얻어 왔다.

뿌리를 찬성하는 주장

목회해 달라는 교회의 부름을 수락한다고 해서 거기서 오래 사역할 수 있다는 보장을 받은 것은 아니다. 목회자와 회중이 손발이 잘 맞는 경우가 있다. 하지만 또 어떤 곳에서는 잘 맞지 않는다. 아마도 목회자의 미성숙이나 특정한 은사들, 목회자의 가정 문제 또는 개성이나 문화 배경 외 다른 요인도 있을 수 있다. 아니면 회중의 사고방식, 목회자의 약점을 용납하지 못하는 풍토, 재정 문제, 지역 교회에 대한 수준 낮은 관점, 은혜 가운데 성장하는 일을 경시함 등 다른 문제들 때문일 수도 있다. 하지만 오래 버틸 수 없는 그러한 환경에서, 젊은 목회자는 떠난다는 생각 때문에 죄책감에 시달릴지 모른다.

죄책감은 젊은 목사를 굳어 버리게 만들어, 이상주의적 목회에 사로잡히게 한다. 하지만 죄책감은 기쁨을 만들지 못한다. 그래서 오히려 목회에 뿌리내리는 일을 방해하고 오래 있어야 할 이유를 사라지게 만든다. 한 젊은이가 내게 그러한 죄책감을 느낀다고 말한 적이 있다. 나는 자신의 은사를 더 잘 사용할 수 있는 다른 사역지를 생각해 보도록 권했다. 그 목회자는 다른 곳으로 이동했고, 거기서는 뿌리를 깊이 내리면서 결실을 맺고 있다.

그렇다고 사역지를 옮기는 것이 항상 최선이라는 뜻은 아니다. 다만 목회 현장을 살피기 위해 건강한 멈춤을 할 수 있다면, '더 푸른 초장 증후군'(greener pasture syndrome)을 늦출 수도 있다는 말이다. 목사 임기가 짧으면 여러 계절과 긴장 관계를 견뎌 낸 후에 궁극적인 기쁨을 선사할 지속적인 목회에 거의 관심을 기울이지 못한다.

나는 목사 임기 내내 육 년에서 팔 년 사이에 그러한 기간을 겪었다. 주일은 힘들었다. 불평하는 소리와 불화 때문에 집중하기 어려웠다. 하지만 주님은 갈등 가운데 연약한 나를 지켜 주셨다. 불 가운데에서만 발견될 수 있는, 은혜와 인내와 목회 사역과 진정한 기쁨에 대해 내가 배워야 할 것들이 있었다.

사람들은 떠나갔고, 재정은 줄어들었다. 하지만 뜻하지 않게 지체의 연합이라는 선물은 커져 갔다. 만약 내가 계속해서 울타리 너머를 살피다가 다른 초장으로 달려갔다면, 불로 정제되고 윤이 나게 된, 그리스도 안에서의 연합이라는 억제할 수 없는 기쁨을 줄곧 그리워했을 것이다.

뿌리 뽑기에 따르는 죄책감 극복하기

우리 모두가 18세기 영국 목회자인 로버트 홀(Robert Hall Sr.)과 같을 수는 없을 것이다. 그는 육 년 동안 교회의 힘 있는 몇몇 호사가들의 격렬한 반대를 견뎌 내고 이후 삼십팔 년을 한 교회만 섬겼다. 또 어떤 사람은 그와 동시대인인 앤드루 풀러(Andrew Fuller)와 자신이 비슷하다고 생각할지도 모르겠다. 그는 몇 년간 영국의 소함에서 교회를 섬겼는데, 케터링 교회로 오라는 계속되는 요청 때문에 고심했다. 더 큰 교회로 옮기는 동기가 교만함은 아닌지 두려웠던 것이다.

홀은 그와 상담하며 케터링 교회의 청빙을 고려해 보라고 했다. 풀러는 그들의 요청을 수락하기 전에 또 일 년을 멈칫거리며 기다렸다. 그의 친구인 존 라일랜드(John Ryland Jr.)는 말했다. "그는 자신과 아내를 제외하면 거의 사십 명도 되지 않는, 분열된 작은 교회를 떠나야 할지 결정하는 데 그렇게 고민했다. 하나님을 두려워하지 않는 사람들, 자신의 마음을 그처럼 살피지 않는 이들은 나라의 안녕을 위험하게 할 것이다."[22]

소함에서 팔 년을 섬긴 후, 풀러는 삼십 년 동안 케터링 교회를 섬겼고 그는 영국의 복음주의 활동과 초기 선교 운동에 지대한 영향을 미쳤다. 하지만 풀러는 케터링에 뿌리를 내리기 전까지 교회를 떠났다는 죄책감을 극복해야 했다. 그렇다고 케터링의 사역이 수월했던 것은 아니었다. 그저 소함의 토양은 케터링에 가장 잘 맞는 뿌리를 받아들이지 못했다는 것이다.

여정 중 나타나는 장애물

홀이든 풀러든, 그리고 당신이든 나든 목회의 여정 중에 장애물을 만난다. 신학생들이 꿈꾸는 순조로운 목회 항해는 신기루에 불과하다. 목양은 양을 다루는 일이다. 양들은 지저분하다. 그렇다고

---

[22] Andrew Gunton Fuller, *Andrew Fuller* (London: Hodder and Stoughton, 1882), 50.

목자도 산비탈에서 달콤한 향기만 풍기는 사람도 아니다. 개성의 충돌, 영적 전투, 회개하지 않는 교인, 각 영역의 터줏대감들, 권력 싸움, 의사소통 실패, 오해, 리더십 변동, 주해 설교, 신학의 선명도, 미성숙, 미숙함 등이 모두 합쳐 장애물을 만들어 낸다. 때로는 큰 장애물이다. 하지만 그것이 목회의 여정이다.

목회자는 전형적으로 삼 년 또는 사 년 후에 중도하차를 겪게 되는데, 이를 넘어서 더 크고 더 나은 것들을 향해 가기 위해서는 장애물을 견뎌 내는 법을 배울 필요가 있다.

목회자는 어려움을 돌파하는 사역 안에서만 영적 전투의 승리, 한때 갈등 관계에 있던 사람들의 연합, 교회 정치 체제를 재구성하여 종의 리더십을 실행하는 기쁨 등을 알게 된다. 나는 교회 징계로 교인들을 내보내고 육 년에서 팔 년이 지난 후에 그분들을 다시 교인으로 복원해 달라고 회중에게 요청하는 즐거움을 두 차례 경험했다. 떠돌이(journeyman) 목회자는 교회 치리의 구속사적인 큰 그림을 보지 못할 것이다.

내 뿌리가 이 토양에 잘 맞는가?

실질적으로 특정 교회의 토양이 한 목회자의 뿌리와 잘 맞지 않을 수 있다. 하지만 목회자는 자신의 삶에 충실하고, 그리스도 안에서 만족하며, 겸손하게 목양하고, 인내심을 가지고 그 토양을 점검해야 한다. 주님이 장기적으로 그를 그 교회에 심으신 것인지를 확인하는 데 몇 년이 걸릴 수도 있다.

이러한 인내에는 무엇이 필요한가? 적어도 네 가지가 필요하다.

1. 회중에 대한 열정

목회자는 자신의 의무를 더 좋은 일이 생길 때까지 때우는 하나의 수단으로 볼 수도 있다. 하지만 교회의 주인이 우리를 부르셔서 겸손하게 목양하고 그분의 양을 섬기게 하셨다. 즉 말씀을 먹이고, 어려움에 빠진 무리를 위로하며, 오류를 바로잡고, 인내하도록 격려하고, 그리스도에 대한 신실함의 모범을 보이는 것이다(행 20:28; 딤전 4:11-16; 6:17-21; 딤후 2:1-26; 3:10-4:5; 히 13:17; 벧전 5:1-4). 이러한 종류의 사역에서는 열매를 거둘 때까지 오랜 기간이 걸릴 수도 있다. 하지만 목회자가 그 양 떼와 함께 머물기만 한다면 분명히 열매는 있다.

한번은 교회에서 받은 목회자 제의를 수락하지 말라고 한 형제를 설득한 적이 있다. 문제는 교회가 아니라 형제였다. 그는 목회 자리를 설교의 장으로 여겼다. 그는 설교하기 원했지만 양 떼에는 거의 신경을 쓰지 않았다. 결국 그의 짧은 임기는 불행하게 끝나고 말았다. 그는 양들에게 전혀 열정이 없었다.

양 떼에 대한 열정은 우리가 양들과 함께 시간을 보내고, 양의 이야기를 듣고, 양을 섬기고, 양을 위해 기도할 때 자라난다. 나도 목회 초기에는 이 사실을 잘 깨닫지 못했다. 나는 교인들을 섬기기 좋아했고, 그들 중 **몇몇**과 시간을 보내는 것도 즐겼다. 하지만 교인들과 정기적으로 기도하고 그들의 이야기를 들어주는 일은 내 바쁜 일상과 잘 맞지 않았다. 내 평생의 사역을 함께할 수도 있는 회중에 대한 열정을 기르는 데 몇 년의 세월을 더 보내야 했다.

2. 기꺼이 인내함

인내는 괴롭다. 인내가 없으면 고집 센 장로들과의 회의, 교직원과의 불화, 고약한 교인과의 언쟁, 소문의 초점이 되는 일 등 때문에 이력서가 계속 새로워질 것이다. 오랜 목회 임기는 언제나 경험이 풍부한 목회자의 자리다. 목사로 오래 섬긴 이가 결승선까지 달려갈 수 있는 은혜의 방편은 인내다.

찰스 스펄전은 육체와 정신의 건강을 거의 잃게 된 1856년의 서리 가든 참사 이후에 사역을 그만두거나 아니면 덜 힘든 사역지로 옮길 수 있었다. 반대파들이 소동을 일으켰고, 사람들로 붐빈 음악당에 사람들이 몰리면서 일곱 명이 죽고 스물여덟 명이 중상을 입었다. 스펄전이 떠난다고 해서 뭐라고 할 사람은 없었다. 하지만 그는 하나님의 은혜로 인내했다. 그는 부담감을 딛고 일어났고, 목회의 영향력은 더욱 커졌다. 그는 이렇게 혼잣말을 했다고 한다. "악마는 얼마나 어리석은가! 그가 나를 비난하지 않았다면 나는 내

말을 듣고 있는 이 청중처럼 귀한 영혼을 얻어 낼 수 없었을 것이다."[23] 그는 고난을 인내함으로써 사역의 결실을 보았다.

3. 장거리 여정을 위한 훈련

장기간 목회하기 위해서는 연구, 상담, 리더십 개발, 기도, 행정, 소통 방식 등에 대해 지속 가능한 방법들을 개발해야 한다. 목회자는 이런 일들이 되는 대로 흘러가도록 내버려 둘 수 없다. 예를 들어 행정은 목회자의 심적 에너지를 약화해 도저히 설교 준비를 할 수 없게 만들기도 한다.

나는 목회 초기에 사람들이 내게 기대하리라 여기는 모든 것을 해내야 한다는 생각에 어찌할 바를 모르며 이 일에서 저 일로 뛰어다녔다. 그러다가 진이 빠져 버리면 수많은 일을 해내지 못해 좌절감을 느꼈고, 주일 본문을 멍하게 바라보고는 했다.

당신의 일정에 경계를 치는 법을 배워라. 당신은 모든 것을 할 수 없다. 그러니 슈퍼맨 콤플렉스를 이겨 내라. 당신이 가장 잘할 수 있는 일에 집중하면서 다른 사람에게 기꺼이 위임하라. 그럼에도 때로는 막힌 변기를 뚫거나 일상적인 일을 하느라 손을 더럽혀야 할 수도 있다. 당신은 종이기 때문에 기꺼이 섬겨야 한다. 하지

---

[23] Charles Haddon Spurgeon, *Letters of C. H. Spurgeon*, ed. Iain Murray (Edinburgh: Banner of Truth, 1991), 56–57. Tom Nettles, *Living by Revealed Truth: The Life and Pastoral Theology of Charles Haddon Spurgeon* (Fearn, Ross-shire, UK: Mentor, 2013), 93에서 재인용.

만 당신은 말씀을 섬기고 양 떼를 돌보는 종이기도 하다. 따라서 당신의 일정을 중시하되 다른 이에게 은혜와 온유함을 지키면서 그렇게 하라(행 6장).

쉬는 시간을 계획하지 않아서 소진되지 않도록 주의하라. 당신의 일상에 이따금 휴식을 주지 않으면 오래 인내할 수 없다. 예수님은 사역을 마치고 흥분된 상태로 돌아온 제자들을 따로 데려가 쉬게 하셨다(마 9:10). 밴스 하브너(Vance Havner)는 재미있는 말을 했다. "너희가 흩어지지 않으면 결국 부서지고 말 것이다!"[24] 크리스토퍼 애시(Christopher Ash)는 이렇게 조언한다. "경건한 희생과 불필요한 번아웃은 전혀 다르다."[25] 긴 여정 속에서 속도를 유지하기 위해서는 반드시 그 차이를 배워야 한다.

4. 평신도와 장로(리더)를 개발하라

당신 혼자서 장구 치고 북 치고 다 할 수는 없다. 그게 당신의 바람이라면 사역을 떠나 서커스단에 들어가라. 당신은 회중을 섬기는 팀의 **지도자**다. 바울의 사역을 연구하라. 그는 평균인의 능력을 넘어서는 사람이었지만 팀을 구성해서 일했다. 그는 사람을 훈련하여 자신과 함께, 그리고 자신이 개척한 교회에서 섬기게 했다(『멘

---

[24] Vance Havner, *Pepper 'n Salt* (Westwood, NJ: Revell, 1966), http://vancehavner.com/?s=you+will+come+apart.
[25] Christopher Ash, *Zeal without Burnout: Seven Keys to a Lifelong Ministry of Sustainable Sacrifice* (London: Good Book, 2016), 40–41.

토링 교회』[The Mentoring Church]에서 그의 훈련 과정을 추적했다).[26]

바울은 디모데에게 말한다. "네가 많은 증인 앞에서 내게 들은 바를 충성된 사람들에게 부탁하라 그들이 또 다른 사람들을 가르칠 수 있으리라"(딤후 2:2). 디모데 그 자신이 바울이 디모데에게 하라고 명한 대로 실천했다는 증거다. 사역을 함께하는 지도자들을 계발하지 않고서는 장기간에 걸쳐 사역이 요구하는 바를 건강한 생각과 마음으로 버텨 낼 수 없다. 더욱이, 한 교회에서 다른 교회로 전전하면 다음 세대의 영적 지도자들을 계발할 수도 없다. 내 가장 큰 기쁨은 미래의 장로, 목사, 선교사, 지도자들을 훈련하는 **더딘** 과정이다. 짧은 목회로는 그러한 일이 일어나지 못한다.

관계성이 오랜 목회를 이룬다

안수받을 때 나는 비록 어렸지만, 한 가지 중대한 결함이 있는 조언은 받아들이지 않을 만한 지각은 있었다. 이웃 목사님이 내게 이렇게 말씀하셨다. "교인들과 너무 친해지지 말아라." 경보가 울렸다. 나는 이 노골적으로 나쁜 조언에 입을 닫았다. 당신이 가까이하고 싶지 않은 사람들을 목양할 수는 없다. 당신이 성도와 거리

---

[26] Phil A. Newton, *The Mentoring Church: How Pastors and Congregations Cultivate Leaders* (Grand Rapids, MI: Kregel, 2017).

를 두려고 한다면 목회 사역에서 절대로 인내할 수 없을 것이다. 당신에게는 당신을 빚어 나가도록 도움을 줄, 오랜 세월을 견디게 할 친밀한 관계가 필요하다.

어떻게? 여기 여섯 가지 조언이 있다.

1. **투자하라.** 나는 장로님과 차를 타고 어느 선교사님과 함께 선교 지역을 다니고 있었다. 그런데 선교사님이 한 집에 멈추시더니 누군가에게 **투자해야** 한다고 말하는 것이었다. 우리는 선교사님의 의중을 몰랐다. 그런데 그 금융 용어를 생각해 보니 목회에서 관계성을 적절하게 묘사한 말이라는 점을 깨달았다. 당신은 여러분에게 가치 있는 것에 투자하여 그 가치를 크게 만든다. 목회자로서 우리는 그리스도께 신실하게 살아가기를 바라는 사람에게 시간, 생각, 에너지, 사랑, 섬김을 투자한다. 오래 목회해야 당신의 투자 수익을 보는 기쁨이 있다.

2. **기도하라.** 젊은 목회자 시절, 나는 어느 목사님이 자기 교회의 모든 성도를 위해 매주 기도하신다는 말씀을 들었다. 그 당시 나도 그렇게 실천하고 싶었지만, 내 기도 생활은 너무 게을러져 있었다. 심지어 성도가 훨씬 적었는데도 말이다. 그분의 말씀이 나를 일깨웠고, 목회의 관계성을 바꿔 놓았다. 당신이 정기적으로 은혜의 보좌에 내려놓는 그 사람과 오랜 관계성을 형성하게 될 것이다. 당신

이 그들을 위해 기도에 힘쓸 때, 그 양에 대한 사랑, 열정, 열망이 자라게 될 것이다. 당신은 그들에게 여러 별스러운 점이 있음에도 불구하고, 그들과 함께하고 싶을 것이다. 그러면 성도를 **가족**이라고 부르는 것은 더 이상 목회자로서 허세가 아니다. 세월은 당신이 정말 기쁜 마음으로 그렇게 생각하는지 증명할 것이다.

3. **들으라**. 관계성이라는 개념은 소통과 관련이 있다. 그리고 소통에서 가장 큰 부분은 듣기다. 우리는 말하기에 너무 익숙해진 나머지 앉아서 듣기를 힘겨워한다. 우리는 근사하게 준비한 연설을 하고서는 할 일 목록에 있는 다음 사항으로 급히 넘어가려고 한다. 하지만 관계는 인내, 온화함, 민감함을 요구한다. 당신이 시간을 들여 들을 때 형제나 자매를 섬기는 만족감을 느낄 것이다. 그 과정에서 회중이라는 토양으로 당신의 뿌리가 더 깊이 내려간다.

4. **함께하라**. 회중의 기쁨과 슬픔에 함께하라. 당신은 목회자이기에 죽음이나 비극이 있을 때는 호출을 받을 것이다. 마음과 영혼을 다해 반드시 그 자리에 있으라. 교인의 기쁨을 알고 즐기는 일에도 참여하라.

같은 회중과 삼십 년을 지내다 보니, 교인의 문제에 관해 듣기도 하고, 교인의 성공에 기뻐하기도 하고, 짐을 함께 지기도 하고, 상실에 함께 울며, 기쁜 일에는 웃기도 했다. 이렇게 해야 어려운 날을 견뎌낼 관계가 형성되고, 내가 실수하고 약한 모습을 보여도 다른 이가 받아들일 수 있다.

5. **목양하라.** 양 떼에게 설교하기보다는 목양하라. 그들 앞에 서서 말씀을 펼 준비를 할 때 회중을 생각하라. 그들을 당신 마음에 품고 기도하며 설교를 준비하라. 그리고 설교할 때는 회중을 바라보라. 말씀을 적용할 때는 그들 마음에 있는 부르짖음, 무거운 짐, 필요를 그리라. 교회의 주님이 양 떼를 당신에게 맡기셨다. 그 모든 흠까지 함께 말이다. 그러니 그들의 삶에 깊이 뿌리 내리게 하라. 그들과 함께하는 오랜 여정으로 인해 당신은 온화한 연민, 주의 깊은 적용, 그리스도에 대한 확실한 소망을 품게 되고, 당신의 설교는 풍성해질 것이다. 당신이 모든 연약함 가운데에서도 양 떼를 목양하며 그리스도를 신뢰한다면 당신의 설교는 더욱 명쾌해질 것이다.

6. **소중히 여기라.** 교회의 다양성을 소중히 여겨 복음의 아름다움과 능력을 드러내게 하라. 모든 사람이 당신이나 나와 같다면 회중은 완전히 지루해질 것이다. 당신이 섬기도록 위임받은 양 떼에 주님이 다양한 배경, 인종, 개성, 당파를 두셨다는 사실을 자주 생각하고 감사하며 더 많이 기도하라. 사람들의 뿌리 깊은 형질에 불평하는 대신 그리스도께서 그런 사람들 사이에서도 기쁘게 자신의

영광을 드러내시고 당신이 그들을 섬길 때 그분이 즐거워하심을 감사하라. 양 떼를 소중히 여김으로부터 일어나는 목회의 전환은 당신의 소명에 이루 말로 할 수 없는 기쁨을 남길 것이다.

강력한 뿌리

사다리는 움직일 수 없는 구조물에 올라가는 데는 유용하다. 그러나 바람이 불고 구조물이 흔들릴 때 그 위에 올라가면 떨어진다. 하지만 강한 뿌리는 바람과 태풍을 견디고 굳세게 남는다.

목회자들은 폭풍 속에서 체증을 겪는다. 오직 회중 안에 깊게 뿌리내린 목회자만이 하나님의 은혜로, 사람들과 오랜 기간의 사역을 통해 얻게 되는 헤아릴 수 없는 즐거움을 경험할 수 있다.

15.
교회가 나를 채용하지 않을 때

콜린 핸슨
복음연합 편집장, 비슨 신학교 자문위원회

나는 이 직업을 절대로 원하지 않았다. 내가 사랑하던 「크리스채너티 투데이」의 뉴스 편집인으로서 하던 일을 그만둘 때는 삼 년 후에 목회자 자리가 있을 것이라고 완전히 확신했다. 심지어 내가 졸업하는 즉시 바로 목회자로 사역해야 한다는 조건으로 후한 장학금을 받기도 했다. 나는 설교하고 싶었다. 상담하고, 새신자를 훈련하고 싶었다. 가장 힘든 순간에 처한 분들과 함께 슬퍼하고 기도하고 싶었다. 예수님을 소중히 여기는 지역 교회의 비전을 세우기 원했다.

하지만 나는 채용되지 못했다. 그리고 그건 내 노력의 부족 때문은 아니었다! 오직 하나님만 그 이유를 아실 것이다. 그렇다고 이유를 생각해 보는 것까지 막을 수는 없었다.

내가 목회 자리를 구할 때는 대침체의 여파가 있을 때였다. 저축액이 줄어들면서 목회자들이 은퇴하지 않았다. 그 말은 젊은 목회자들이 위로 올라갈 수 없다는 뜻이었다. 또 그 말은 더 젊은 목회자들이 들어갈 곳이 없다는 의미였다. 어쩌면 그때 내 타이밍이 좋지 않았을지 모른다. 그런 시장에서 동료 졸업생들의 상황도 그다지 나을 것이 없었다.

또 나는 목회 자리를 찾는 과정이 그냥 이상하고 혼란스럽다는 사실을 깨달았다. 다양한 가능성이 열려 있었다. 작은 교회의 단독 목회자가 되는 것, 큰 교회에서 부목사가 되는 것, 적절한 시나리오를 따라 교회를 개척하는 것 등이다.

그럼 미완성인 취업 리스트를 공유하도록 하겠다.

교단의 한 지도자는 미네소타주 북부로 이사할 의향이 없는지 물으셨다. 사우스다코타주 출신 시골뜨기인 내게 그 제안은 그럴싸하게 들렸다. 순간적으로 내가 앨라배마주 출신 여자와 결혼했다는 사실을 잊었다는 점만 제외한다면 말이다. 나는 더 많은 정보를 요청했다. 그랬더니 목사님이 장로들과 갈라져 그 작은 동네 맞은편에 새로 교회를 시작한다는 사실이 밝혀졌다. "미네소타 사람은 착하다"(Minnesota nice)는 말이 곧이곧대로 들리지 않았다.

나는 아내의 고향에서 더 가까운 곳으로 찾아봤다. 앨라배마주에 있는 우리 교단 교회 단 두 곳 중 한 곳에 연락이 닿았다. 담임 목사님은 말씀하셨다. "그럼요, 자리가 있습니다. 우리 부목사가 다른 도시에 새로 교회를 개척하러 떠날 예정이거든요." 그분은 내 이력서를 요청하셨다. 그래서 보내 드렸다. 하지만 답을 받지 못했다. 그리고 그 부목사님을 찾아봤는데, 그분의 신학이 우리 교단 신학과는 전혀 맞지 않는 것이었다. 우리가 잘 맞지 않는다는 점은 분명했다.

큰 대학 도시에 있는 같은 교단의 한 교회와도 이야기가 됐다. 그런데 청빙위원회장이 자신도 그 자리에 관심이 생길 것 같다고 말하는 것이었다. 자기 이름을 추천 명단에 넣을지 말지 고민 중이라는 말이었다. 그래서 나는 됐다고 했다.

또 다른 교단 지도자는 내가 교회 개척에 알맞는 후보자라고 말해 줬다. 그분은 미국중서부의 빅텐(Big Ten)에 속한 도시를 추천하셨다. 나는 어떤 곳인지 물었다. 그분은 블루밍턴을 얘기하셨다. 아이오와 시티도 말씀하셨고, 웨스트 라피엣도 얘기하셨다. 그리고 몇 곳이 더 있었다. 교회 개척 전문가는 전혀 아니지만, 나도 빅텐에 속한 도시를 다 댈 수 있다. 그리고 물론 내게는 돈이 없었다.

또 다른 대학 도시에서는 파트타임 목회자로 자리를 문의했다. 그랬더니 길 건너에 교회 개척을 생각해 보면 어떠냐고 제의를 해 왔다. 나는 지금도 그 조언을 칭찬으로 받아들여야 할지, 모욕으로 받아들여야 할지를 모르겠다.

　이쯤 되면 당신은 아마도 내게 문제가 있는 것은 아닌지 궁금할 것이다. 나도 그렇다. 내가 아는 사람이 많이 있는 한 큰 교회에서는 수석 목사님이 비행기를 타고 내가 살고 있던 도시로 와서 나를 인터뷰하겠다고 말했다. 그래서 아내는 그 도시에 있는 친구들을 방문하여 그곳이 어떤 곳인지 알아보기도 했다. 그렇지만 그렇게 할 필요는 없었다. 그분에게서 다시는 소식을 전해 듣지 못했기 때문이다. 비슷한 상황이 있었는데, 이번에는 한 신참 목사님이 신학생들을 인터뷰하기 위해 오신 것이었다. 그분은 내 이력서에 교회와 언론사 경험이 혼재된 것을 보면서 내가 왜 그 자리를 원하는지 이해하지 못했다. 그래서 나는 그분께 하나님이 나를 어떻게 부르셔서 목사가 되게 하셨는지 말씀드렸다. 내 생각에는 그 이야기를 높이 사지 않은 것 같다.

　그 외에는 평범한 거절로 점철된 일반적인 취업 실패담이다. 한 교회는 자리를 채우고서도 채용 공고를 절대로 내리지 않았다. 또 다른 교회는 내게 정말로 관심이 있어 보였지만, 그냥 다른 방향으로 가 버렸다. 내가 속한 교회도 유일하게 한 자리가 났는데, 더 나은 자격을 갖춘 분을 찾았다. 지금 내가 있는 직장에 들어간 지 막 몇 주가 되었을 때, 나는 한 목사님께 교회의 낮은 직급으로 지원을 했는데 소식을 듣지 못했다고 말씀드렸다. 그분은 믿지 못하는 눈치였다! 그분은 아마도 알았다면 강력하게 나를 고려했을 것이라고 말씀하셨다.

하지만 그렇지 않았다.

아마도 내가 감을 잡는 데 필요 이상의 시간이 걸렸던 것 같다. 어떤 이유에서든, 하나님은 내가 목회자가 되기를 원하지 않으셨다. 적어도 지금은 그렇다. 목회 자리를 알아보는 데 실패한 후, 옛날 사장님을 만났다. 그분은 감사하게도 새로운 자리와 50퍼센트의 임금 인상을 제안하셨다. 나는 거절하며 장황하게 둘러댔다. 그런데 그분은 내가 절대 잊지 못할 말씀을 하셨다. "있잖아, 콜린. 주관적인 부르심이 있을 수 있어. 하지만 객관적인 부르심이 없다면 그건 아무것도 아니야."

그리고 이것이야말로 신학교가 가르치지 않은 것이었다.

두 가지 결론

신학교는 모든 사람의 소명 의식을 시험할 것이다. 입학을 이야기하는 것이 아니다. 당신을 받아줄 신학교는 언제나 있을 것이다. 나는 영적 혼란과 대학원 수준의 학업이 지독하게 뒤섞인 그 과정을 말하는 것이다. 만약 그리스어를 무사히 지나갔다면, 히브리어가 당신을 그렇게 만들 것이다. 제3세계 교회 역사 수업을 듣다 보면 어느 순간 얼마나 더 많은 이단을 기억해야 하는 것인지 의아해질 때가 있을 것이다. 또 그중 하나라도 사역에 도움이 되기는 하는 건지도 말이다. 설교, 상담, 리더십에 관한 실천 신학 수업은 유익할 수 있다. 하지만 누구도 사례 연구만으로 실제 시행착오를 통해 얻는 배움을 대체할 수 있다고는 믿지 않는 것 같았다. 목회 사역에서는 반드시 그러한 시행이 있을 것이고, 그러면 오래지 않아 착오가 뒤따를 것이다.

나의 소명을 점검하게 된 계기는 이러한 수업은 아니었고, 내 전 사장님과 함께한 순간이었다. 아무 교회도 나를 **자신들의** 목회자로 부르지 않는데 내가 정말로 목회자로 부름을 받은 것이라고 할 수 있는가? 나는 이 상황을 어떻게 받아들여야 하는가? 하나님은 "지금은 아니야"라고 하시는 건가, 아니면 "절대로 아니야"라고 하시는 건가? 성령님의 도움으로 나는 이 딜레마를 두 가지 결론으로 풀어냈다.

1. **성품 면에서 내게는 성장해야 할 부분이 많았다.** 내가 직장을 그만두기 훨씬 전부터, 그리고 교회 인턴이자 신학생으로 있을 때 나는 감독에 관해 성경이 말하는 자격 요건을 연구했다. 디모데전서에 있는 목록이 가장 광범위하다.

미쁘다 이 말이여, 곧 사람이 감독의 직분을 얻으려 함은 선한 일을 사모하는 것이라 함이로다 그러므로 감독은 책망할 것이 없으며

한 아내의 남편이 되며 절제하며 신중하며 단정하며 나그네를 대접하며 가르치기를 잘하며 술을 즐기지 아니하며 구타하지 아니하며 오직 관용하며 다투지 아니하며 돈을 사랑하지 아니하며 자기 집을 잘 다스려 자녀들로 모든 공손함으로 복종하게 하는 자라야 할지며 (사람이 자기 집을 다스릴 줄 알지 못하면 어찌 하나님의 교회를 돌보리요) 새로 입교한 자도 말지니 교만하여져서 마귀를 정죄하는 그 정죄에 빠질까 함이요 또한 외인에게서도 선한 증거를 얻은 자라야 할지니 비방과 마귀의 올무에 빠질까 염려하라(딤전 3:1-7)

그 누구도 위의 이유 중 하나 때문에 사역에 부적합할 수도 있다고 가르치거나, 권하거나, 인터뷰하지 않았다. 그러나 내 마음은 내가 가장 잘 안다. 나는 정말로 목회자로서 그리스도의 몸을 섬길 준비가 되었는가? 돌아보면 그렇지 않았던 것 같다. 몇 가지 예를 들자면, 나는 나를 특별히 나그네를 대접하며, 관용하며, 다투지 않고, 절제하는 사람으로 여기지 않는다. 오히려 하나님은 내 구직의 실패와 절망을 통해 일하셔서 이러한 죄들을 드러내셨다.

어떻게 보면 목회자로 채용되지 못하면서 내 삶은 무너졌다. 아내와 나는 주택 위기로 거의 10만 달러를 잃었다. 수년간 노력했지만, 아내는 임신하지 못했다. 이러한 압박감으로 인해 우리 결혼생활에는 심각한 타격이 있었다. 우리 집을 목회하기도 힘에 부쳤다. 어떻게 내가 교회를 이끌 수 있다고 생각할 수 있겠는가?

팔 년이 흐른 이제야 주님이 이 상황들을 통해 일하셔서 그리스도와 닮도록 나를 성장시키셨다는 점을 보게 된다. 주님은 실망감을 사용하셔서 내 자신의 끝으로 나를 인도하셨다. 그러니 내가 이력서를 뽐내며 왜 아무도 나를 채용하지 않는지를 의아해하는 한, 나는 진정으로 하나님의 능력으로 사역할 수 없었던 것이다. 고린도전서의 바울의 말이 이제는 정말 진실처럼 들린다.

> 형제들아 너희를 부르심을 보라 육체를 따라 지혜로운 자가 많지 아니하며 능한 자가 많지 아니하며 문벌 좋은 자가 많지 아니하도다 그러나 하나님께서 세상의 미련한 것들을 택하사 지혜 있는 자들을 부끄럽게 하려 하시고 세상의 약한 것들을 택하사 강한 것들을 부끄럽게 하려 하시며 하나님께서 세상의 천한 것들과 멸시 받는 것들과 없는 것들을 택하사 있는 것들을 폐하려 하시나니 이는 아무 육체도 하나님 앞에서 자랑하지 못하게 하려 하심이라 너희는 하나님으로부터 나서 그리스도 예수 안에 있고 예수는 하나님으로부터 나와서 우리에게 지혜와 의로움과 거룩함과 구원함이 되셨으니 기록된 바 자랑하는 자는 주 안에서 자랑하라 함과 같게 하려 함이라(고전 1:26-31)

바울이 말하는 이런 사역에 정말로 준비된 사람이 있는가? 마치 누군가에게 정말로 결혼 준비가 되었는지 묻는 것과 비슷하다. 당신이 직접 힘들게 배워야 하는 것들 말이다. 나는 교회에 채용되지 못한 후에 사역에 필요한 중요한 요건 중에서 내가 성장해야 하는 영역이 얼마나 많은지를 배우게 되었다.

2. **어떤 위치로 부르심을 받기 전에는, 섬길 수 있도록 하나님의 은사를 받는다.** 목회 자리를 알아보는 일은 우리가 장로감을 알아보는 일과 상당히 다르다. 그리고 나는 종종 그렇게 하는 것이 실수라고 생각한다. 우리가 평신도 장로를 찾을 때는 어떤 분이 그 자리에 오른다고 해서 갑자기 장로처럼 행동할 것이라고 이해하지 않는다. 오히려 우리는 이미 그 일을 하고 계신 분을 찾는다. 그분은 사람들을 집에 초대한다. 그분은 영적인 목적을 품고 힘을 다해 가정을 이끈다. 그분은 동료들이 공적으로 칭찬할 만한 방식으로 일한다. 그분은 후하게 베푼다. 그분은 평화를 추구한다. 그분은 성경을 연구하고 가르쳐 그리스도의 몸을 세운다. 이런 것들 말이다. 당신의 교회에는 직함만 달고 있는 분이 아니라, 실제로 그렇게 하는 분이 많기를 바란다.

나를 목회자로 채용하지 않은 교회들을 비난하지 않는다. 종이 한 장으로 나에 대해 뭘 그렇게 잘 알 수 있겠는가? 하지만 교회 중 한 곳에서도 외적인 부르심이 없다면, 자문해야 한다. **나는 정말 교회 지도자로 섬겨야 하는 사람인가?**

하나님은 친절하게도 답을 드러내셨다. 내가 보수를 받는다고 해도 봉사에 대한 내 은사는 바뀌지 않는다는 점이었다. 내가 교사라면 나는 가르칠 것이다. 나는 아마 매주 설교단에서 설교할 수는 없을지 모른다. 하지만 언제나 배우기를 바라는 새로운, 젊은 신도들은 있기 마련이다. 나는 교회의 기틀을 세우는 일로 보수를 받지는 않을 것이다. 하지만 나는 목회자들을 위해 기도할 수 있고, 내게 요청하시면 그분들을 지지하고 심지어 조언도 해 드릴 수 있을 것이다. 나는 예수님을 배우고, 그분의 일하심을 보고 싶어 하는 불신자들을 환대하는 장소로 내 집을 꾸밀 수도 있다.

은사와 소명에 대한 관점이 이렇게 바뀌면서 나는 자유롭게 교회에 들어가서 직함과 직책과 보수를 따지지 않고 섬길 수 있었다. 내게 기회가 부족한 적은 없었다. 왜냐하면 교회가 그 필요에 부족하지 않았기 때문이다. 나는 사 년간 섬겼다. 소그룹 지도자, 대타 설교자, 영적 멘토 등 다양한 역할로 섬겼다. 이 역할을 하면서 설교 외에는 내가 목회자로 기대했던 거의 모든 일을 하고 있다. 그리고 누가 알겠는가? 언젠가 그 소명이 내게도 임할지. 나는 만족스럽게 주님의 시간을 기다리고 있다.

사람을 사역자로 삼다

내가 전혀 바라지 않던 이 자리를 맡게 되니 갑자기 목회 자리가 열렸다. 예전에는 나와 상극처럼 보이던 교회가 두 개의 강력한 추천서를 받고는 내게 호의적으로 반응했다. 우리 교회의 한 친구가 자리를 옮기게 되면서 굉장히 선망받는 자리를 대신해 줄 수 있는지 물어왔다. 하지만 그때 나는 이미 복음연합(Gospel Coalition)에서 현재 하는 일을 받아들였기 때문에 새로운 동료들을 낭패에 빠뜨릴 수 없었다. 그렇게 하지 않았다는 사실에 기쁘기는 하지만 그랬다면 어땠을지는 언제나 생각하게 될 것이다.

아마도 이 삶에서는 하나님이 이 과정에서 하시는 모든 일을 절대로 다 이해하지 못할 것이다. 특별히 나는 여전히 목회자가 되기를 열망하기에, 목회자가 되지 않는다면 더욱 그러할 것이다.

나는 신학교에서 많은 것을 배웠다. 원어를 사용해서 성경을 해석하는 방법, 구약과 신약을 조합하는 방법, 설교 준비법, 교회사에 나타난 실수를 피하는 법 등이다. 나는 신학교의 경험을 무엇과도 바꾸지 않을 것이다. 심지어 오늘도 신학교 사무실에서 일하면서 예비 젊은 목사들을 양성하는 일에 많은 시간을 투자하고 있다. 신학교들은 오늘날 교회의 건강을 위해 가치 있으며, 더 나아가 반드시 필요하다.

하지만 신학교는 내가 채용되지 못할 때 어떻게 해야 하는지는 가르치지 않았다. 혼란스러운 구직 활동을 잘 헤쳐 나가도록 준비시켜 주거나, 직장을 구해서 가족을 부양해야 할 때는 어떻게 해야 하는지는 보여 주지 못했다. 물론 신학교에서 어떻게 그렇게 할 수 있을지도 잘 모르겠다. 그렇게 많은 것을 기대하는 일은 지혜롭지 않을 수도 있다.

이 책의 다양한 저자들의 시각을 통해 신학교가 가치 있지만 충분하지는 않다는 점을 확인했다. 신학교가 수행하는 가치 있는 일들을 폄훼하려는 의도는 없다. 오히려 우리는 젊은 목회자들, 신학생들, 그리고 목사 지망생들이 어떻게 하나님이 한 사람을 신실하고 효과적인 목사로 적합하게 빚어 주시는지를 우리의 경험을 통해 배우기를 바란다.

지역 교회가 신학교만이 가르칠 수 있는 것들을 대신할 수는 없을 것이다. 하지만 오직 하나님의 권위 아래 있는 지역 교회만이 사람을 목회자로 만들 수 있다.

기고자들

대니얼 L. 애킨 Daniel L. Akin
노스캐롤라이나주 웨이크포리스트의 사우스이스턴 침례신학교(Southeastern Baptist Theological Seminary) 총장, 복음연합(The Gospel Coalition) 소속.

맷 캡스 Matt Capps
노스캐롤라이나주 에이펙스의 페어뷰 침례교회(Fairview Baptist Church) 담임목사.

콜린 핸슨 Collin Hansen
복음연합 편집장, 비슨 신학교(Beeson Divinity School) 자문위원회.

제프 히그비 Jeff Higbie
노스다코타주 언더우드의 페이스 에반젤리컬 교회(Faith Evangelical Church) 목사.

맷 맥컬러 Matt McCullough
테네시주 내슈빌의 트리니티 교회(Trinity Church) 목사.

필 A. 뉴턴 Phil A. Newton
테네시주 멤피스의 사우스 우즈 침례교회(South Woods Baptist Church) 담임목사.

존 아누체콰 John Onwuchekwa
조지아주 애틀랜타의 코너스톤 교회(Cornerstone Church) 목사.

버몬 피에어 Vermon Pierre
애리조나주 피닉스의 루스벨트 커뮤니티 교회(Roosevelt Community Church) 담임목사

해리 L. 리더 Harry L. Reeder
앨라배마주 버밍햄의 브라이어우드 장로교회(Briarwood Presbyterian Church, PCA) 담임목사, 복음연합 소속.

제프 로빈슨 Jeff Robinson Sr.
복음연합 선임 편집자, 켄터키주 루이빌의 크라이스트 펠로십 교회(Christ Fellowship Church) 목사.

후안 샌체즈 Juan Sanchez
텍사스주 오스틴의 하이포인트 침례교회(High Pointe Baptist Church) 담임목사, 복음연합 소속.

스캇 솔즈 Scott Sauls
테네시주 내슈빌의 크라이스트 장로교회(Christ Presbyterian Church, PCA) 담임목사.

제이 토머스 Jay Thomas
노스캐롤라이나주 채플힐의 채플힐 바이블 교회(Chapel Hill Bible Church) 목사.

데일 반 다이크 Dale Van Dyke
미시간주 와이오밍의 하베스트 교회(Harvest Church, OPC) 목사.

마크 브로곱 Mark Vroegop
인디애나주 인디애나폴리스의 칼리지 파크 교회(College Park Church) 담임목사.

사명선언문

너희가 흠이 없고 순전하여……세상에서 그들 가운데 빛들로
나타내며 생명의 말씀을 밝혀 _ 빌 2:15-16

1. 생명을 담겠습니다
만드는 책에 주님 주신 생명을 담겠습니다.
그 책으로 복음을 선포하겠습니다.

2. 말씀을 밝히겠습니다
생명의 근본은 말씀입니다.
말씀을 밝혀 성도와 교회의 성장을 돕겠습니다.

3. 빛이 되겠습니다
시대와 영혼의 어두움을 밝혀 주님 앞으로 이끄는
빛이 되는 책을 만들겠습니다.

4. 순전히 행하겠습니다
책을 만들고 전하는 일과 경영하는 일에 부끄러움이 없는
정직함으로 행하겠습니다.

5. 끝까지 전파하겠습니다
모든 사람에게, 땅 끝까지, 주님 오시는 그날까지
복음을 전하는 사명을 다하겠습니다.

서점 안내

광화문점 서울시 종로구 새문안로 69 구세군회관 1층
02)737-2288 / 02)737-4623(F)

강남점 서울시 서초구 신반포로 177 반포쇼핑타운 3동 2층
02)595-1211 / 02)595-3549(F)

구로점 서울시 동작구 시흥대로 602, 3층 302호
02)858-8744 / 02)838-0653(F)

노원점 서울시 노원구 동일로 1366 삼봉빌딩 지하 1층
02)938-7979 / 02)3391-6169(F)

일산점 경기도 고양시 일산서구 중앙로 1391 레이크타운 지하 1층
031)916-8787 / 031)916-8788(F)

의정부점 경기도 의정부시 청사로47번길 12 성산타워 3층
031)845-0600 / 031)852-6930(F)

인터넷서점 www.lifebook.co.kr